図解でわかる

ESGと経営戦略のすべて

株式会社 KPMG FAS

日本実業出版社

はじめに

——ESG／サステナビリティへの対応は企業経営の根幹である——

▶企業経営においてサステナビリティが重視される背景

　本書は、「ESGを意識した経営（ESG経営）」に関する入門書です。企業がESG（環境・社会・ガバナンス）の課題に対処しながら持続的に成長していくにはどうすべきかを考察します。

　今日、人類と地球は、経済・社会および環境の面で大きな課題に直面しています。たとえば、地球規模の環境問題が重要であることが1990年代より認識され始めた結果、オゾン層や熱帯雨林の破壊、砂漠化などの重要な課題に対する国際合意が次々と締結され、環境・社会へ配慮したサステナビリティ（ESG要素を含む中長期的な持続可能性）課題への取組みが進んでいます。

　この取組みにあたって、大きな役割を果たさなければならないのが企業です。こうしたサステナビリティ課題の要因となっている経済活動の中心的存在である企業は、課題解決に向けた取組みについて、株主や投資家のみならず、消費者、取引先、従業員といったさまざまなステークホルダーから理解・評価を得る必要性が高まってきています。すなわち、各企業は、事業活動を通じて収益を上げながら社会の持続可能性向上にも貢献するとともに、得られた収益の一部を持続可能性促進のための投資に振り向けていくことが期待されています。

　この状況下、企業をみる、または企業の活動を評価するモノサシが確実に変わってきています。これまで企業を評価するときのモノサシとしては、売上・利益といった伝統的な財務情報が中心でしたが、財務情報は過去のビジネスの結果であり、企業の現在の姿や将来のあるべき姿を十分に説明

するものではありません。これからは、財務情報だけでは測れない企業を取り巻くさまざまなリスクや機会について、ESG視点を織り込んだ非財務情報を通して評価するようになっていきます。

　一方で、ステークホルダーの期待に応えるためとはいえ、企業がESGという理念だけで動くことは難しく、経済合理性を確保する必要があります。そこで、環境・社会課題の解決と、中長期的な企業価値向上の活動を結びつけるための「戦略」が重要となり、経営戦略の抜本的なアップグレードが必要となっています。

▶本書の構成

　まず第1章で、ESG視点を踏まえた経営戦略検討（ストラテジーリフレッシュ）の意義や進め方を解説します。

　続いて第2章では、あらためてESGとは何か、なぜ企業がESG課題に取り組む必要があるかを解説します。ESGが提唱された背景にはじまり、ESG課題のなかでも気候変動が最大の課題と位置付けられている理由を説明します。また、産業ごとのESG重要課題についても紹介します。

図表0-1　本書の構成：ESGと

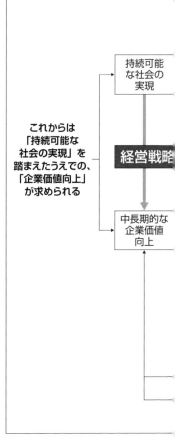

出所：KPMG FAS作成

　経営戦略の検討にあたっては、新しい市場の特定・開拓やイノベーションの創出が必要であり、その取り組み方を第3章で解説します。実行にあたっては組織変革が必要となりますので、典型的な課題と打ち手も第3章で説明します。

　経営戦略の実行にあたっては、経営資源の再配分も必要となります。第

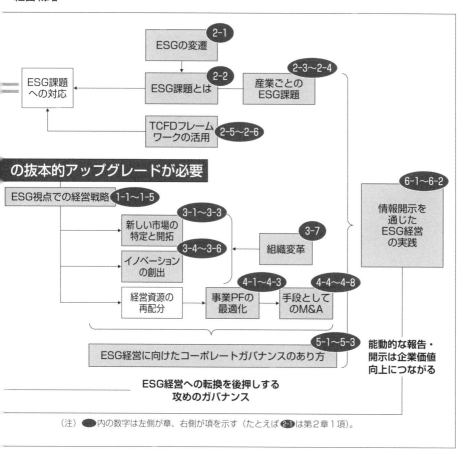

ESGの変遷 2-1

ESG課題
への対応 ← ESG課題とは 2-2 ← 産業ごとの
ESG課題 2-3〜2-4

TCFDフレーム
ワークの活用 2-5〜2-6

の抜本的アップグレードが必要

ESG視点での経営戦略 1-1〜1-5

新しい市場の
特定と開拓 3-1〜3-3

イノベーション
の創出 3-4〜3-6 ← 組織変革 3-7

経営資源の
再配分 → 事業PFの
最適化 4-1〜4-3 → 手段として
のM&A 4-4〜4-8

情報開示を
通じた
ESG経営
の実践 6-1〜6-2

ESG経営に向けたコーポレートガバナンスのあり方 5-1〜5-3

能動的な報告・
開示は企業価値
向上につながる

**ESG経営への転換を後押しする
攻めのガバナンス**

(注) ●内の数字は左側が章、右側が項を示す（たとえば 2-1 は第2章1項）。

　4章では、ESG視点を踏まえた事業ポートフォリオ（事業PF）評価・管理のフレームワークを紹介します。事業ポートフォリオ組換えの手段の1つとしてM&Aが活用されますが、このM&Aの実行において重要なプロセスとなるDD（デューデリジェンス）、バリュエーション、PMI（ポスト・マージャー・インテグレーション）について、ESGを意識した実務を解説します。

ESG経営に向けたコーポレートガバナンスのあり方を第5章で、さらにESG戦略やその結果をどのようにステークホルダーに伝えるべきか、報告フレームワークとサステナビリティ開示基準の視点を含め第6章で解説します。

　最後になりましたが、本書の出版にあたり、日本実業出版社編集部の皆様には大変お世話になりました。厚く御礼申し上げます。

2023年10月

執筆者を代表して
株式会社KPMG FAS 岡田　光

新しい市場の開拓とイノベーションの創出

第4章 経営資源の再配分

第5章 ESG経営に向けた コーポレートガバナンスのあり方

本文DTP＆図版作成◎一企画

第 **1** 章

経営戦略の
抜本的アップグレード

1-1 時代の転換点の活かし方

ESGを一過性のブームととらえて乗り遅れてはならない

■一時的なブームではない

　ESGの潮流は、決して一過性のものととらえないことが必要です。時代の転換点となった事象を振り返ると、われわれはとかくその兆しを見逃しがちで、変化に乗り遅れたプレーヤーたちが多く存在しました。GAFAMやTeslaなどが市場に登場したときも同様の反応だったかもしれません。技術が消費者の行動様式を変え、新しい消費動向や嗜好をもたらしてきた歴史には、進行形のものも含めて多くの学びがあります。

　下図のような技術起点での変化は、その領域でのリテラシーを持ち合わせている者にとってはその転換点が見えやすく、比較的動的で明瞭な事情ととらえることができます。しかし、それに伴う時代的要請やビジネスモ

図表1-1-1　時代要請・技術革新等による商品・サービスの交代

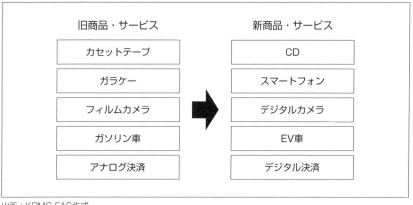

出所：KPMG FAS作成

デルの転換といった静的な動きは、静かに進むがゆえに乗り遅れた者をあっけなく置き去りにします。

　ESGはまさに国際的な潮流であり、人類にとっての普遍的な課題です。濃淡を付けながらも、しかし確実に時代を席捲していく動きとなるでしょう。この変化を、「特定の意思をもった国や企業によるマッチポンプ（ルールづくりとその回収）」と懐疑的に考える企業や一過性のブームととらえて見守る姿勢の企業と、真摯にそしてある種のチャンスととらえて動く企業の間には、数年のうちに明確なコントラストが生まれることになるはずです。

　たとえば、気候変動対策については、その達成の時間軸につきその科学的根拠の裏付けは諸説あろうとも、供給者側が国際的な枠組みとしてのロードマップを公表し、金融機関は各国の政治やイデオロギーの議論を超えて脱炭素を投資領域として位置付け、需要者としての消費者自体が大きくエシカル消費に動いている以上、この取組みはすべての人類の経済活動の基本となる「土俵」としてとらえることが必要です。

■ESGに動く巨額の資金

　気候変動対策において重要な役割を果たしているものに、タクソノミーとカーボンプライシングがあります。「**タクソノミー**（taxonomy）」は動植物等を分類することを目的とした生物学の用語ですが、この考え方を応用し、「持続可能性に貢献する経済活動」を分類・列挙したものがサステナブルファイナンスにおけるタクソノミーです。投資家の資金と企業の設備投資を「脱炭素化」に集中させるため、EUでは2020年6月に「タクソノミー規則」を法令化しました。

　カーボンプライシングは、排出される炭素に価格を付け、排出者の行動を変容させる政策手法で、「炭素税」「排出量取引」「クレジット取引」「インターナルカーボンプライシング」「国際機関による市場メカニズム」などの類型があります。

　タクソノミーとカーボンプライシングは、お金の流れを決定付けます。

タクソノミーは産業セクターが目標に対して適応しているのか否かを明らかにし、カーボンプライシングは将来的な環境への負荷を反映させた「コスト」をつまびらかにすることで、資金の流入に対して明確な判断基準として作用しています。

IEA（国際エネルギー機関）によると、世界の平均気温上昇を産業革命以前と比べて2℃より低く保つこと（**2℃目標**）を実現するためには、先進国の産業部門の炭素価格が2040年には二酸化炭素１トンあたり140ドルになる必要があるとしています。排出量取引制度や炭素税、国境炭素税などでさらなるコストを要求される可能性もあるため、企業にとっての負荷はさらに大きくなることが予想されます。

また、欧米のアクティビストファンドなどが、株主提案として具体的な目標値を要求する、事業からの撤退を提案する、気候変動対策を推進する取締役を推薦するなどの動きを活発化しています。その対象はエネルギー

図表1-1-2　アクティビスト等による要求

対象会社	時期	要求内容・顛末
みずほフィナンシャルグループ	2020年6月	・日本初の気候変動に関する株主提案（気候変動戦略の開示に関する定款への追記を要求） ・否決されたが賛成率は34％を超えた
エクソンモービル	2021年5月	・気候変動対策の推進に向け４名の取締役候補を提案 ・主要株主の賛同を得て、うち３名が承認された
シェル	2021年10月	・化石燃料を扱う部門と再生可能エネルギーに特化する部門とで会社分割することを要求 ・経営陣は分割は非現実的としつつ、気候変動対策の追加目標を表明
アップル	2022年3月	・従業員への聞き取り調査に基づき、職場の人権問題について監査を求める株主提案を提出 ・株主総会で賛成多数で可決
三井住友フィナンシャルグループ、三菱商事、東京電力ホールディングス、中部電力	2022年4月	・温室効果ガス排出量の削減目標の設定と開示を要求 ・いずれも否決されたものの一定の賛成票を集めた

出所：各種資料よりKPMG FAS作成

産業だけではなく、その他の産業へも拡大しています。

　日本においては、2015年にGPIF（年金積立金管理運用独立行政法人）が、**PRI（責任投資原則）** に署名したことを皮切りに、機関投資家の投資原則が、ESGを考慮して運用される方向性が明確になりました。GPIFは当時の全資産150兆円についてESGを考慮すると宣言しており、TOPIXなどの指数に対しても投資を行っている現状に鑑みると、日本の上場企業でESGに無関係でいられる企業はない、と言ってよい状況です。

　また世界最大の資産運用会社であるブラックロックが、気候変動を軸とした運用を強化したことも、この流れが決定的であることを物語ります。ブラックロックは世界の年金基金など約9兆米ドルを運用しており、ESGに対して積極的な姿勢を明確にしています。このように、投資資金は気候変動対応への関与を強めており、長期的な企業活動において非常に大きな影響力を持つことになっています。

　また、**ダイベストメント**（投資撤退）も拡大しており、化石燃料に関連する企業からの投資撤退を表明している機関投資家は2022年時点で1,500以上、その資産総額は4,600兆円にものぼります。

■企業理念は収益性の源泉へ

　ここまでみてきたような金融市場の抜本的な変化と、それに伴って動く巨額資金は、市場のリスクを先取りし、資金のさらなる再分配を促していくことになります。

　サステナビリティへの取組みに十分な進展がみられない場合、経営層にはNOが突き付けられ、資金調達は困難さを増していくことになるでしょう。過去を振り返ってみてもESG以上に企業理念が直接的に問われる世界的なムーブメントはないでしょう。

　近年よく耳にする企業理念と**パーパス**とのちがいは、以下の文章によくまとめられています。

　　『「ミッションとは理想と現状のギャップをつなげるベクトル」だとす

ると、そのベクトルは、二つある。「自分たちは社会に何を働きかけたいのか」と外側にある終点に重点が置かれたものと、「自分たちは社会の中でどうありたいのか」と内側に重心が置かれたものだ。前者がパーパスであり、後者がアイデンティティ（identity）である。このように整理すると、ミッションの中には「パーパス型ミッション」と「アイデンティティ型ミッション」があるといえる。より単純化すれば、「我々は〜を欲す」と社会変革を志すミッションはパーパス型、伝統産業のように「我々は〜であり続けるべし」と社会の中で文化の創造や保全を目指すミッションはアイデンティティ型である。』[1]

　企業理念とは、自社が最も大切にしている価値観や考え方であるので、上記のアイデンティティと同義として（置き換えて）解釈してよいでしょう。

　サステナビリティの達成は並大抵の努力では実現が難しいため、企業は明確なパーパスや経営理念を掲げ、できない理由を探すことに注力することなく、一歩でも取組みを前に進めると同時に、イノベーションの創出に注力する姿勢が重要です。既存事業の継続からは短期的なリターンを得ることができるかもしれませんが、最終的には企業が確固たるパーパスと企業理念をもって変革に取り組むことで、その収益は最大化していきます。また近年では、パーパスに対する共感があってこそイノベーションが生まれるという考え方が浸透しつつあり、「Innovation with Purpose」という言葉がよく聞かれるようになりました。共感できるパーパスは、広く消費者の心に響くと同時に従業員に共鳴を呼び、結果として経営者だけではなく従業員1人ひとりがこの問題を自分事としてとらえることで、一丸となってビジネスを推進していけるものとなります。

　「ESGは仕事そのものである」とする企業があらわれつつありますが、

1　佐宗邦威「パーパス・ブランディングを実践するために組織の『存在意義』をデザインする」（『DIAMONDハーバード・ビジネス・レビュー　2019年3月号』ダイヤモンド社）より引用

パーパスに基づいて企業活動を行い、それがしっかりと実行されているのかについて情報開示を行うことは、成長と社会課題解決を両立させ、企業の持続可能性の必要条件を満たすことになります。横並びの施策にとどまっている企業が多いなか、将来の収益性の源泉としてパーパスや企業理念（非財務情報の中核）を明確に定義し、着実にＳＸ（サステナビリティ・トランスフォーメーション）へとつなげられる企業が今後は生き残っていくことになるでしょう。

図表1-1-3　パーパスの重要性

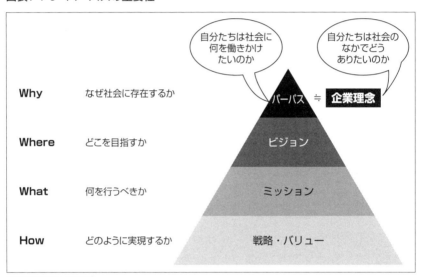

出所：KPMG FAS作成

また、優れたパーパスは、自社の枠を超え、社会を変革するようなエネルギーを生みます。これまで交わることのなかった異業種のプレーヤーたちとある社会課題の解決に向けて協業する、などが１つの例でしょう。競争領域と協調領域の議論が盛んですが、共通のパーパスをもった同業他社が、手を取り合って課題解決のためのエコシステムを構築する事例も登場しています。

1-2 ESGは課せられた義務なのか

サステナブル対応できないことがリスクの時代

■新たなビジネスチャンスの到来

2020年10月26日、当時の菅首相による所信表明演説で宣言された日本の脱炭素宣言は衝撃をもって受け止められました。この宣言のなかで菅首相は「積極的に温暖化対策を行うことが、産業構造や経済社会の変革をもたらし、大きな成長につながるという発想の転換が必要です」と述べています。

責務としてのESGを超えて、この機会をうまくとらえることで、新しいビジネスのチャンスとしよう、ということです。ESGへの対応は「確実に活動が拡大する領域」、すなわち「成長領域」として国際的に認識されています。そして企業活動を支える多くのステークホルダーにとって共通の理念であり、このようなESGへの対応には、資金調達も需要も「ついてくる」という流れがあります。

これまでの日本における気候変動対策は、推進を担う現場では課せられた義務のように認識されてきました。しかし、いまは欧州を中心に「義務」という認識が刷新され、パラダイムの転換が起きています。**パリ協定**は195か国（2023年10月時点）が批准しており、これまで利害が一致していなかった米国と中国という二酸化炭素排出の二大国（両国で約４割を占める）が批准をしたことも風向きを大きく変えました。

脱炭素を成長につなげる動きは、各国のビジョンであり、大きなビジネスチャンスなのです。企業活動が「目標を定めその達成に向けて経営戦略を練り組織を設計していく活動」であるとすれば、この目標の部分が世界規模で定義されたといえます。そして、その方向は各国や企業にとってチ

ャレンジングなものであり、これまでの延長線上の活動では達成できないという特徴があります。この特徴（要件）こそが新しいビジネスを生み出す源泉であり、またそのために発想の転換が必要となってくるのです。

アップルのティム・クックCEOは、2030年までにカーボンニュートラルを実現するという目標を発表しましたが、その際に、気候変動への対応を「新しい時代のイノベーションや雇用創出の礎になる」とコメントしています。製造業におけるこのような認識は、サプライチェーンの川上に遡って、あるいは販売後の川下（スコープ3[2]）も範疇とするため影響が大きく、自社の扱う製品・サービスの持続性の向上に資すると共に社会課題をサプライチェーン全体で解決していくという意味で、「攻めのESG」と呼ぶに相応しい取組みといえます。

図表1-2-1 攻めと守りのESG

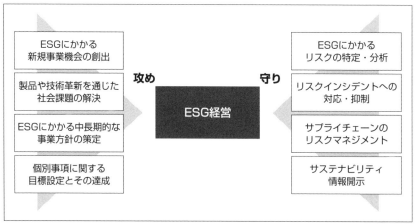

出所：KPMG FAS作成

---

2 スコープ1は自社のボイラーや社用車等で使用する燃料による排出量、スコープ2は自社で使用する電力などからの排出量、スコープ3は自社のサプライチェーンで発生するすべての排出量

CO2排出の15.1％[3]を占めるとされる日本の自動車業界を例にとると、サプライヤーは40万社とも50万社ともいわれています。日本自動車工業会が「550万人」と言う産業従事者が、このような動きに対応し、同じ方向性でイノベーションを起こすことができれば、間違いなく大きなビジネスチャンスとなるでしょう。

　発想を転換し、ESG対応は義務ではなく、新しいビジネスを作り上げていくきっかけとしてとらえ、既存人員の雇用を守るだけではなく、将来のさらなる雇用・ビジネスの創出につなげていく、このような姿勢が求められています。

■既存ビジネスという負債

　逆に言えば、既存のビジネスをこれまでのやり方で延命するという意思決定は、リスクになる可能性があります。よって、企業は、既存であるか否かは別として、まっさらなフィルターで現在のビジネスを見直す必要が

図表1-2-2　過去の不買運動

ネスレ	乳幼児食品業界では1960年代から東南アジアやアフリカで乳児用粉ミルクによる育児を推奨していたが、1970年代以降に母乳育児の衰退と乳児死亡率の因果関係が指摘されるようになると、最大手メーカーのネスレに対する不買運動が発生
ナイキ	1997年、製造委託先であるインドネシアやベトナムの工場で、児童労働や劣悪な環境での長時間労働等が発覚。NGOの批判により世界的な不買運動へ発展
コカ・コーラ	1999年、黒人従業員が賃金・昇進条件で差別的待遇を受けたとして訴訟を提起し、不買運動や抗議デモに発展
スターバックスコーヒー	1990年代にコーヒー生豆価格の値下がりが続き、人権擁護派を中心に生産者の人権と生活権を侵害しているという理由で、米国や英国で不買運動が相次いで発生
欧米アパレル企業複数社	2013年にバングラデシュで欧米向け衣料品の縫製工場が入居していたビルが崩落、多数の死傷者を出す惨事に。現地では労働環境改善を求めるデモに発展、欧米の消費者団体も不買運動を呼びかけた

出所：KPMG FAS作成

3　2021年度、国土交通省資料（2023年5月17日　運輸部門における二酸化炭素排出量）

あります。化石燃料に依存したビジネス、環境汚染を引き起こすビジネス、生態系を破壊するビジネスなど「旧来のビジネスモデル」は、急速に企業にとっての「負債」へと転落していきます。たとえば、かつて調達における人権問題に起因して発生した不買運動のように、企業ブランドを失墜させることにつながっていきます。

　企業は既存ビジネスの供給や雇用の責務を果たしながらも、サステナブルであるという新しい供給者としての責任を同時に追求していくことになります。

　もちろん、新規のビジネスの創出や、既存ビジネスの変革・方向転換には多大なコストが発生します。さまざまな痛みも付随するでしょう。こうした企業変革を計画的に実施するためにも、企業は自社の**事業ポートフォリオを見直し**、既存ビジネスのあり方の再検討を行う必要があります（詳細は第4章2項を参照）。そして、その時期はまったなしにやってきます。2℃目標に向かう世界において、化石燃料をベースとしたビジネスは、すでにリスクそのものとなっており、資産ではなく負債という認識なのです。金融機関からの資金が絶たれ、さらに消費者から不買運動という形で反対表明を受けてからでは遅いのです。

　ESG対応は、既存のビジネスすべてを捨てることではありません。画期的なイノベーションが必須というわけでもありません。これまで過剰に重視してきた価値観やあり方を見直し、地球環境や社会に対して持続的に提供できる価値とは何なのかを再定義し実行し続ける、ということです。言い換えれば、今後の時代の要請にも継続的に応え続けられる価値を見いだして実現していけば、おのずとESGに対して真摯に向き合うことになる、と考えます。

■Z世代の考え方

　これからの世界を担っていくZ世代やα世代といわれる若者たちが、このESGを支えています。環境や社会にとって「よいこと」をしている企業以外、彼らは応援しなくなっています。高度経済成長を支えてきた世代

とは明らかに異なった価値観をもって、自分たちの未来をつくっていくための基本要件として、そして今後のイノベーションを生むための材料または原動力として、ESGをとらえています。この躍動は海外ではさらに明確です。

　環境、人権、社会に対して十分に配慮された商品やサービスを積極的に選択して買い求めることを**エシカル消費**といいますが、彼らが今後の消費側の主体（主役）でもあることを考えると、もはやESG視点のないビジネスは持続性がないといってよいでしょう。

図表1-2-3　エシカル消費

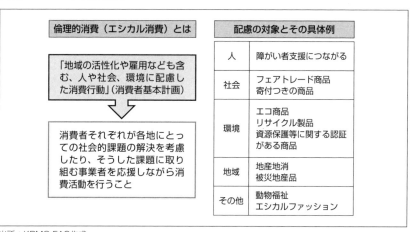

出所：KPMG FAS作成

　また、この世代はデジタルネイティブであり、SNSを使いこなし、情報の取得と発信は世界規模、かつ、リアルタイムです。社会にインパクトを与える可能性を肌感覚で知っており、実際に行動を起こします。いまを犠牲にした未来はないという思いが強く、ESGに対しての選好度も高いのです。

　一方で、「グリーンな」エネルギーのために電気代が上がり、エシカルな消費のために支出が増えることを、「押しつけられた」動きとして快く

思わない消費者もいます。特に、物価上昇や老後資金を心配する世帯（世代）の多くにとっては、ESGに対する意識があったとしても、実際の生活が優先されます。そして、企業やそれに関与する人々はできるだけ現状を維持したいというバイアスに支配され、次の時代をリードするビジョンや技術に対してどうしても思考が向かわないという傾向があります。

　先行者が切り拓く市場における製品・サービスの値付けはどうしても高くなりがちですが、こうした世代の要望に応え、持続的な社会を実現するためのイノベーションを起こし、多くの企業が参入して切磋琢磨することで、やがて価格は下がっていきます。このような世界観が「当たり前」となったときに、誰が消費者に支持されるのかについて、企業はいま一度、想像力を働かせる必要がありそうです。次世代を担うZ世代に対して恥ずかしくない企業活動を行えているかという問いに対して、明確にYESと答えることができるか否かを問うてみることが重要です。

　さらに、エシカル消費の1つの形態として「フェアトレード」という考え方があります。これは、生産者の所得向上やウェルビーイングを目的として、公正な取引を後押しするというものです。欧米においては消費者が

図表1-2-4　エシカル商品

バイオデグラーダブル	生分解性を意味し、そうした性質を持つ素材を使用した製品を指す。生分解性とは微生物の作用によってもとの化合物がほかの物質に分解する性質のこと
コンポスタブル	堆肥化が可能な生分解性の素材を使用した製品のことであり、堆肥化条件のもと一定期間のうちに微生物によって分解され、堆肥として再利用可能なもの
クルエルティ・フリー	残虐性を持たないことを意味し、化粧品などの製品が原料から開発、製造、流通に至るまですべての工程において、動物実験など動物を傷つける行為をしていないことを指す
プレラブド	中古品を指す用語であり、そのなかでも「愛されていた」という言葉から以前の所有者に大切に扱われていたものという意味合いを持つ

出所：KPMG FAS作成

フェアトレード商品を選好しはじめており、企業もそれに呼応して積極的にフェアトレードを実践するという好循環が生まれています。

　デフレから抜け出しきれない日本においては、値引き合戦や下請けへの原価削減要請が商習慣として根付いている節がありますが、こうした行動自体が多少でもいきすぎた場合、不当に生産者を追い詰める「非倫理的」な企業行動として認識される日がくるかもしれません。低コストや値引きはよいことだとする日本の商売に対する考え方自体にも、アップデートが必要なのかもしれません。

1-3

利益確保と社会貢献の両立

環境や社会への影響に配慮した経営が求められる

■「時代遅れ」のビジネスモデル

　CO2排出が少ない石炭火力は日本にとって1つの独自技術ではありますが、撤退は時間の問題といわれるほど、石炭火力自体に対する国際的な圧力は日々高まっています。短期利益を追求し環境や社会への影響を考慮しない経営は古い資本主義というレッテルを貼られかねません。

　この瞬間も、人類の経済活動に伴う大量生産、大量消費、大量廃棄のサイクルは、地球上の生態系を破壊し続けています。資源を取り出し、モノをつくり、消費し、廃棄する、というリニアなサイクルの上に成り立つこれまでのビジネスモデルにおいては、地球温暖化などの対策は環境負荷の

図表1-3-1　リニアエコノミー vs サーキュラーエコノミー

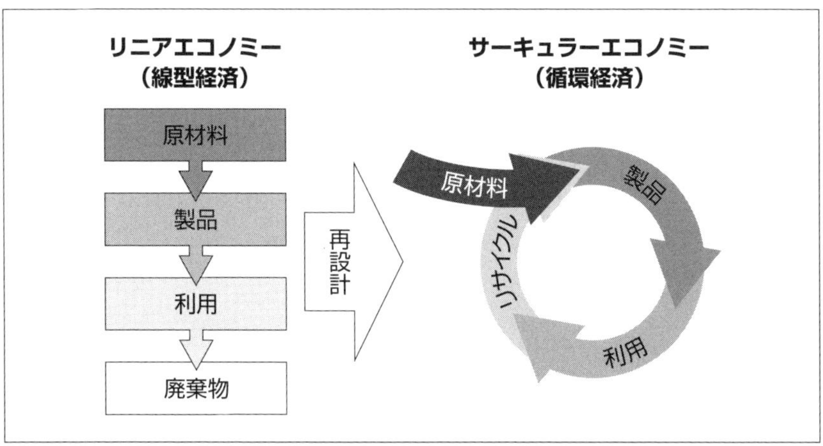

出所：KPMG FAS作成

「低減」という発想にとどまってしまいます。循環型経済と呼ばれる**サーキュラーエコノミー**へ移行し、より抜本的な環境対応を進めていくためには、こうした時代遅れの発想から抜け出すことが必要になります。

　企業はこれまでCSR（企業の社会的責任）などを通じて、法令順守やステークホルダーに対する説明責任を果たすべく、適切な意思決定を行い、倫理的観点から自主的な社会貢献活動などを行ってきました。しかし、特に日本におけるCSRは利益に結びつかない社会貢献活動の色合いも強く、ESGが持つ利益確保（成長確保）と社会貢献（たとえば省資源化など）の両立という概念とはそのコンセプトが大きく異なっていました。

　今後は、「モノを売らない製造業」といった考え方も出現し、これまでのビジネスモデルは大きく転換していくことが予想されます。逆に言えば、「短期的な視野で」「化石燃料に依存し」「リニアである」ビジネスモデルが継続するとは思わないほうがよいでしょう。

　ここまでみてきたような例は、いずれも戦略や組織づくりといった大掛かりな改革ではなく、「考え方」に立脚するものであるため、まずはこうした発想や思い込みのアップデートが急務といえます。

■イノベーションの基としてのESG

　マイクロソフトは、スコープ3を2030年までに半減させる施策を含めて、カーボンネガティブ（放出するCO_2よりも吸収するCO_2のほうが多い状態）を実現すべく動いています。野心的な目標であるがゆえにムーンショット計画[4]と表しています。

　ダートマス大学の経営学博士、スコット・アンソニー教授は、優れたムーンショットには「Inspire（人々を魅了し、奮い立たせる）」「Credible（根拠があり、信憑性がある）」「Imaginative（斬新なアイデアである）」という3つの条件が必要だと述べています。なお、日本においても内閣府が「ム

4　本来は月に向かってロケットを打ち上げることを指しますが、前人未踏で非常に困難だが、達成できれば大きなインパクトをもたらし、イノベーションを生む壮大な計画や挑戦のこと。

ーンショット型研究開発制度」というイノベーション創出を目指した研究開発を推進しています。自然災害、超少子高齢化といった日本ならではの課題に対して、9つの目標を定めています[5]。

　ムーンショット型研究開発の特長は「失敗を許容する」と明言する点にあります。世の中を変えるイノベーションの裏側にはいくつもの失敗があるものです。上の3つの条件を満たす挑戦を行うからこそ、世の中に変革をもたらすムーンショットが実現できるのです。

　逆に言えば、ESGという取組みをイノベーションの基としてとらえるとき、こうした条件を満たしていることは重要な視点です。時代の転換を促すようなイノベーションは、既存ビジネスの延長線上にはないでしょう。われわれが直面しているこのムーブメントは、こうした要件を満たしているものであり、その流れに乗り遅れることは致命傷になりうると認識して、今後のビジネスを考えていくことが必要です。

■同じ轍を踏まないために

　経済学者が気候変動について言及するとき、よく「外部不経済」という言葉を使います。これは市場を通じて行われる経済活動の外側で発生する不利益が、個人、企業に悪い効果を与えることを指します。たとえば、企業の生産活動が自然環境に悪い影響をもたらすことがわかっていても、インセンティブが働かないため積極的にその対策をとらず、本来のコスト（将来の世代が払うことになる）を負わないまま活動してしまうことを指します。公害問題などが代表的な例となりますが、市場原理にのっとって自由市場を推進しても、社会の豊かさを最大化しないという理論です。こうした例は、各国の経済成長に伴うさまざまな課題をみても明らかであり、経済学の世界では「市場の失敗」と評される事象となっています。

　ここまでみてきたようなカーボンプライシングなどの取組みは、こうし

5　内閣府ホームページ「ムーンショット目標 - 科学技術政策」(cao.go.jp) 参照

た市場の失敗に対して、これを正し、機能させようとする新しい政策（試み）です。市場のメカニズム（インセンティブ）によって、企業の行動を変えようとする試みでもあります。同時に「グリーンウォッシュ」と呼ばれる問題も起きています。たとえばお金にものを言わせてカーボンオフセットを活用し、あたかも「環境によいことをしている企業」としての体裁を取り繕うような行動・姿勢のことをいいます。

　目下、2℃目標に向かう"ネットゼロ"の取組みは、脱炭素と経済成長を両立させる前提で成立していますが、このバランスが崩れたときに、外部不経済の問題をどう扱うのかという壁に直面することになるかもしれません。このような間違った方向に進まないためにも、各国、各企業は当事者としての責務をまっとうし、不正や誤魔化しを極小化する社会の創生を目指さなければなりません。

　もう1つの観点として、ルールメイキングの失敗により競争力を失うと、世界を席捲していた市場で大幅にシェアを減少させてしまうことを覚えておく必要があるでしょう。かつてのPC、半導体を筆頭に、圧倒的に優勢だった日本企業が世界の競争に敗れ撤退を余儀なくされてきた経緯を直視し、同じ過ちを繰り返さないようにしなければなりません。

図表1-3-2　半導体シェアの推移（全世界の売上ランキング比較）

	1992年		2019年	
1	インテル	米国	インテル	米国
2	NEC	日本	サムスン	韓国
3	東芝	日本	SK	韓国
4	モトローラ	米国	マイクロン	米国
5	日立	日本	ブロードコム	米国
6	テキサス・インスツルメント	米国	クアルコム	米国
7	富士通	日本	TI	米国
8	三菱	日本	STマイクロ	欧州
9	フィリップス	欧州	キオクシア	日本
10	松下	日本	NXP	欧州

出所：総務省『令和3年版　情報通信白書』「我が国ICT産業の世界的な位置付けの推移」(soumu.go.jp)

　かつて、世界で圧倒的な存在感を示した日本の半導体産業は、産業振興の名の下で成立した「企業立地促進法」によって地方に分散し、結果としてスケールメリットとともに、国際的な競争力を失いました。われわれはこうした失敗に学ばなければならないでしょう。

　現在、再生可能エネルギーへのアレルギーや規制によってイノベーションの芽が摘まれているとすれば、世界レベルでの競争に対して致命的な停滞をすることになりかねません。イノベーションを阻害する要因（第3章6項で詳述）を排除し、現在の方向性や立ち位置を冷静に分析し、過去を総括しつつ将来に向かって正しい戦略を持つことが必要です。日本企業が再び目の前の権益や利益に目を奪われて短期的思考に陥れば、長期的な経営課題への布石を打つことができず、グローバル市場における競争力は損なわれていくことになるでしょう。

■求められる「総力戦」

　2030年度の温室効果ガス排出削減目標を**2013年度比の46%**とする、という政府の宣言により、日本は2050年までのカーボンニュートラル実現の前に新しい中間的なコミットメントを表明しました。従来は2030年度に26%という目標だったことを考えると、新しい目標達成のためにはあらゆる産業を巻き込んでの推進が必要となります。

　世界の温室効果ガスの排出において、製造業が占める割合は約30%、それに電力が約27%、農業が約20%、交通が16%と続きます。最大の発生源と思われがちな電力は30%に満たず、ネットゼロ実現のためには、多くの産業で取組みが必要なのが現実です。たとえば、世界で10億頭といわれる酪農用の牛が排出するメタンだけで、年間約20億トンの温室効果ガスが排出されています（ちなみに世界の温室効果ガスの排出量は2022年時点で約370億トン）。現状の延長線上でネットゼロを実現するのは至難の技といってよいでしょう。「出さない」に加えて、炭素の回収や貯蔵などの技術を確立し、いかにネットゼロにもっていくか、こうした技術開発を含めての総力戦が求められています。

2021年に **IEA**（International Energy Agency：国際エネルギー機関）が発表したロードマップ「**Net Zero by 2050**」をみても、これまでの産業界を変革せざるをえないと思わせるインパクトのある項目が列挙されています。

図表1-3-3　IEA公表の「Net Zero by 2050」

2025年 化石燃料ボイラーの 新規販売を終了する	2030年 新設する建物はすべて ゼロカーボン対応する	2030年 世界の自動車販売の 60％は電気自動車とする
2035年 内燃エンジンの 新車販売を終了する	2035年 先進国における電力供給が 全体で正味ゼロエミッション となる	2040年 航空燃料の50％は 低排出燃料とする
2040年 全世界で正味ゼロエミッション の電力供給とする	2050年 建物の85％以上が ゼロカーボン対応となる	2050年 重工業生産の90％以上が 低排出となる
2050年 世界の発電量の約70％が 太陽光・風力発電によるもの となる		

出所："Net Zero by 2050 -A Roadmap for the Global Energy Sector"IEA ― Key milestones in the pathway to net zeroを基にKPMG FAS作成

　この目標を実現するためには、総力戦に加えてイノベーションが必要であることがわかります。単なる総動員体制だけではなく、先へ進むための「**イノベーション創出**」や産業の枠を超えた「**エコシステム構築**」を考慮しないと、この目標の達成は難しいと考えます。

　グリーンエネルギーに関しては、ウクライナ問題による地政学リスクへの注目や安全保障上の問題、石炭火力への依存などへの批判を受け、にわかに原発活用への議論が巻き起こっています。一方で、従来の原発活用には否定的な意見も多く、原発事故の処理が継続しているなかでの原発推進は、短期的な必要性を一部認める声がありながらも、依然として行方は不透明な状況です。

　原発に限らず、中長期的な視点に立って、次のイノベーションへつなげ

る布石を打つことが重要であり、過去への回帰や過去の遺産の利活用という視点・発想から脱却する推進力が求められています。

　米国では2019年に初めて再エネの消費量が石炭を超えました。18世紀の産業革命を支えた石炭、そして自動車や航空機の普及に貢献した20世紀の石油、こうしたエネルギーの代替が登場すれば、社会的に大きなインパクトをもったイノベーションとして後世で語られることになるでしょう。現在はまさにその端境期と言える時代であり、いまここでの意識と努力が、将来に大きな差を生むことになるのです。

　そして、政府と民間企業の関係に言及しておきます。欧州において（ESGに限らず）さまざまなデファクト創出を主導しているのは実は民間企業です。日本企業にはルールメイキングを国に任せる（国がやるべきと考える）傾向がありますが、国と民間のバランスのとり方が総合力のもう1つの鍵です。

　日本は、スタンダードを官民一体でつくるのが上手ではありません。民間は「自社のための」取組みを強力に進めますが、ルールメイキングとは一線を画しがちです。一方で国は民間主導での取組みを調整する機能を果たそうとしますが、初動の悪さで"時すでに遅し"となり、全体最適（標準化）を推進するタイミングを逸することが多々あります。ESGに関しては欧州がスタンダードで主導権を握っていますが、まさにグローバルでの潮流と化しているESGという枠組みにおいては、われわれも産学官での総力戦としてルールメイキングそのものに関与していくことが大切です。

経営戦略とはどのようなものか

KPMGの「9 Levers of Value」で考える

■経営戦略の基本的な考え方

　企業や事業部という複雑な組織を一定の方向に導き、成果を出すための活動を進めていくためには、経営（事業）戦略が不可欠です。その学術的な定義は他に譲るとして、戦略の基本的なコンセプトは、目指すべきゴールとその道のりを定義するとともに、事業を構成するあらゆる取組みや機能をその目標を実現させるための仕組みとしてアライン（整列）させる、というものです。

　「取組み」とは、ビジネスモデル（どこで戦うのか）やオペレーティン

図表1-4-1　KPMG の「9 Levers of Value」

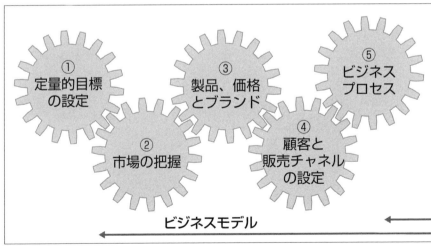

出所：KPMG FAS作成

グモデル（どのようにして勝つのか）といった大きな仕組みを、「機能」とは、それらの仕組みの前提となる顧客、提供する製品やサービス、販売チャネルやビジネスプロセスなどの一連の各経営機能を意味します。

　一口に戦略といっても、全社の事業ポートフォリオ戦略もあれば、1つの事業部が策定する事業戦略もあります。しかし、そのカバー範囲の大小の差があっても、上記のコンセプトは不変といってよいでしょう。各事業の目標実現に向けて業務、組織、インフラ、人事、評価制度などは設計・実装されなければならず、これらを伴ってはじめて、経営戦略は実効性を持つことになります。

■「9 Levers of Value」というフレームワーク

　企業の戦略立案のための方法論として、KPMGでは「9 Levers of Value」というフレームワークとして提供しています。このフレームワークでは、価値創造のために9つの取組み領域を定義し、目標に沿ってそれぞれを設定する手法を規定しています。

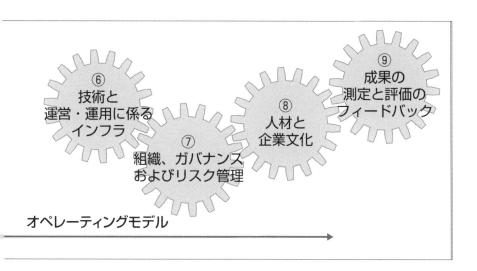

図表1-4-1にある９つのレバーは企業の主要な決め事や組織や制度などで構成されていますが、戦略とはこれらの要素を目的に向かって特定の方向に同調させることを要求するものです。戦略という言葉は多様に定義・解釈されますが、どんなに優れた戦い方の定義をしたとしても、それが「画に描いた餅」にならないためには、企業経営全体を規定する総合設計書という様相を呈する必要があります。

　その前提（最初に定めるべきレバー）には、何をしたいのか、何を達成したいのか、というゴール・目標の設定があります。このゴール・目標の設定というレバーは、最初にステークホルダーの要求、ビジネス環境における自社の現在の姿をもとにつくられるため、これに続く８つのレバーを「統制する」役割を担うことになります。これにより企業戦略の大枠や制約が形作られ、またさまざまな施策のガードレール（脱線を防ぐための補助）としても機能します。以下に９つのレバーで検討・決定すべき事項を列挙します。

■「9 Levers of Value」の解説
①定量的目標の設定
　定義すべきゴール・目標は、「財務目標（収益、マージン、シェア、キャッシュフロー、IRRなどの定量目標）」に収斂されます。しかし、以下の項目の検討を同時に行うことで数値実現の精度を上げていきます。

図表1-4-2　目標の設定

i	ミッション・ビジョンなどの長期のあり方、存在意義、社会的責任
ii	リスクプロファイルと投資意欲（能力）
iii	競争環境における優先度合い
iv	資本・負債などの資本構成の具合
v	雇用数やCO2排出量の削減割合などの非財務目標

出所：KPMG FAS 作成

　ここまでにみてきたように、ESGを踏まえた目標設定は、今後の企業

戦略の観点では重要な軸となります。企業は自社のあり方を直接的に社会から問われ、その行動に責任を持つことがより強く求められるようになりました。ゆえに数値目標の裏にある理念や非財務的観点を配慮した設定を行います。

　財務目標（何を目指すのか）が設定されたら、次は「どこで戦うのか」の領域、すなわちビジネスモデルの構築に移ります。ここでは競争優位を築くための「市場」の見定め、そこに届ける「製品・サービス」、そして「顧客と販売チャネル」の定義を行います。

②市場の把握

　ビジネスモデルを構成する1つ目の要素は「戦う土俵」の把握です。前提として自社が持つ強みや市場における相対的ポジショニングを考慮に入れますが、以下の点を検討して主戦場とすべきフィールドを明確にします。

図表1-4-3　市場の把握と特定にあたっての検討項目

i	国や地域の特徴の把握と特定
ii	産業構造の把握（メガトレンド、商慣習、破壊的イノベーション、セクターの融合、バリューチェーンなど）
iii	競争環境の把握（競合の状況、ポジショニング、新規参入者、市場シェアなど）
iv	地政学的ダイナミクスへの配慮（災害、リーダーシップの変更、Brexit など）
v	規制のあり方と今後の展開への読み

出所：KPMG FAS 作成

　主戦場を定義することは、同時に他の市場を捨てるということを意味します。特定の市場において相対的優位性を確保するためには、リソースは常に限定的であるという前提に立つ必要があるからです。「選択と集中」は市場の特定に関しても当てはまり、そしてまた、その市場は常に変化する（している）、ということも忘れてはなりません。

③製品、価格とブランド

　次は企業が顧客に対して提供する「コアバリュー」の定義であり、ここ

では、設定した土俵で勝つための製品やサービスに関する深い理解が必要となります。通常、以下の要素を考慮します。

図表1-4-4　製品やサービスの理解に必要とされる要素

i	提供価値の定義（独自の価値、付加価値、差別化要因など）
ii	価格の設定（プレミアム価格、ディスカウント価格、タイミングなど）
iii	ポートフォリオミックスの策定（製品寿命の如何・有無、パイプラインの幅や数など）
iv	プロモーションの方法（マーケティング、広告、宣伝などのやり方と効果など）
v	ブランド構築の手法（顧客体験、ロイヤリティ、認知度、受容度など）

出所：KPMG FAS 作成

　顧客が求める製品やサービスをいち早く市場に投入するためには、その開発段階での投資が必須です。そのためには市場の深い理解を前提に、新しいニーズや社会的要求の萌芽を見極めることが重要です。ビジネスモデルを構成する「市場」「製品、価格とブランド」、そして次の「顧客と販売チャネル」は相互に連関させながら検討することが有効です。

④顧客と販売チャネルの設定

　このレバーでは、顧客行動の理解とそれに基づく未開拓な成長ポテンシャルの見極めにフォーカスします。顧客を魅了し、競合の製品・サービスから移行させ、継続的な顧客とするために以下の項目の検討を行います。

図表1-4-5　顧客と販売チャネル設定のための検討項目

i	顧客のセグメンテーション（人口動態、職業、収入、居住地、ニーズなど）
ii	ターゲット顧客の特定（共有的なニーズ、各セグメントにおいて価値を生み出す源泉、購買要因など）
iii	顧客体験とロイヤリティの設計（サービス品質、ロイヤリティプログラムなど）
iv	顧客チャネルの効率性評価（チャネルのカバレッジ、新しいチャネルの開拓、アクセスの容易性など）
v	収益性（顧客ごとのマージンなど）
vi	他のステークホルダーとの関係強化（ビジネスパートナー、規制当局、サプライヤーなど）

出所：KPMG FAS 作成

　顧客のニーズにはすでにサービス化された顕在的なものと、いまだ表出化していない潜在的なニーズの２つがあります。顕在化したニーズに関しては継続性を狙いますが、潜在的なニーズについてはそもそも掘り起こしが必要です。発見できていない課題をニーズへと昇華させることで、ニーズそのものを切り出していく行為ともいえます。

⑤ビジネスプロセス

　ビジネスプロセスでは、「競争優位性を強化するために、どのようにオペレーションを行うべきか」を整備するための検討を行います。検討すべき項目には以下のものがあります。このレバーは、**ビジネスモデル**と以降に続く**オペレーティングモデル**をつなぐ役割を持つと同時に、ビジネスモデルを有効に機能させられるか否かの要となります。

図表1-4-6　ビジネスプロセス

i	必要となるコアな業務プロセス（全社的なプロセスモデル、業務改善領域、再設計領域など）
ii	内部資源と外部資源の活用（何を、なぜ、誰になど）
iii	サプライチェーンとロジスティクス（調達、業務処理、配送など）
iv	オペレーション上のベンチマーキング（計測指標、業界平均とのギャップ、要求される組織能力）
v	業務プロセスの自動化（コスト削減、陣容など）

出所：KPMG FAS 作成

　目標設定からビジネスプロセスまでをビジネスモデル領域として定義することで、企業が「どこで戦うのか（Where to play）」が決まります。新規事業開発などにおいては順番が前後することや同時並行で検討されることもありますが、いずれにせよ、すべての要素がアラインされている、という原則は崩れません。

⑥技術と運営・運用に係るインフラ

　６つ目のレバー以降は、これまでに定義したビジネスモデルを下支えする要素（オペレーティングモデル）です。この要素の１つである技術や業

務のインフラは、「コアとなるオペレーションをより効率的に実施することに資するか」という問い（要求）に明確に応えるものでなければなりません。

図表1-4-7　技術と運営・運用に係るインフラ

i	ITシステムとハードウェアとソフトウェア（設備、会計システム、業務・情報系ソフト、データセキュリティなど）
ii	最新テクノロジーによるイノベーション推進（アナリティクス、自動化など）
iii	業務プロセスの類型化と切り出し（オンショア、オフショア、ニアショアなど）
iv	設備とインフラ（工場、オフィスなど）
v	データマネジメント（ナレッジマネジメント、データの統廃合、知見抽出など）

出所：KPMG FAS 作成

この「技術と業務のインフラ整備」に加え、「組織とガバナンス構造」「人と企業文化」の３つを定義することで「どのようにして勝つのか（How to play）」が決まります。

⑦組織、ガバナンスおよびリスク管理

ここでは、戦略を実現するために最も効果的な組織のあり方とその運営についての定義を行います。組織構成、ガバナンス、そのリスクマネジメントに関する作業です。具体的な検討項目は以下となります。

図表1-4-8　組織、ガバナンス構造のリスクに関する検討項目

i	組織とチームの構成（産業や機能のマトリクス、ビジネスユニット、プロジェクトなど）
ii	ガバナンス（取締役会、執行役員会、権限規定など）
iii	税務や法務への適応（移転価格や税制に適した会社の配置など）
iv	監査機能
v	リスクのコントロール（リスクの把握、評価、低減など）

出所：KPMG FAS 作成

このレバーで重要なことは、意思決定の柔軟性を担保する形での組織の作り込みとそのコントロールです。リスクを完全にマネージしたいがため

に柔軟性に欠ける組織とならないように注意が必要となります。ESGという言葉でも「G」（ガバナンス）が取り上げられており、コーポレートガバナンス・コードの内容を含めて第5章で解説します。

⑧人材と企業文化

このレバーでは、個々人が持っているスキル、組織のケイパビリティ、カルチャーという戦略遂行に欠かせない要素の特定にフォーカスします。すわなち、ゴールにたどり着くために必要なリーダーシップ、個人の能力を前提とした組織力、そして企業文化についてです。

図表1-4-9　人材と企業文化

i	リーダーシップチーム（経験と能力、状況に応じた優先順位付け、戦略実現に向けた一致団結など）
ii	組織文化（社員の行動様式、その変更の必要性など）
iii	労働力の最適化（採用、リテンション、教育プログラム、キャリアパス）
iv	スキルとケイパビリティ（戦略実現に必要となるスキル、投資としてのスキル採用・開発など）
v	人員数（FTE＝フルタイム当量、FTE別コストなど）

出所：KPMG FAS 作成

人材の重要性は言うまでもありませんが、M&A後の経営統合などで発生する課題においても、組織文化は大きな影響を及ぼします。

⑨成果の測定と評価のフィードバック

最後のレバーは、これまでの一連のレバーがうまく機能しているのか、それらが全体の目標を達成するために有効に進捗しているのかを見定め、正しく行動し機能した人材やチームに対してのインセンティブを保証するものです。

図表1-4-10　評価尺度のインセンティブ

i	パフォーマンスターゲット（四半期売上、収益性など）
ii	評価の尺度（KPIなど）
iii	インセンティブ制度（賞与、昇給、昇進、その他非金銭的褒賞など）
iv	評価制度（評価体系、評価プロセスなど）
v	パフォーマンスベンチマーク（競合比較、経年過去実績など）

出所：KPMG FAS 作成

　いわゆるKPIの設定は企業の戦略そのものといってよいものです。定めたKPI、その捕捉方法とアクションの立て方から、その企業の戦略や組織能力を高い確度で見定めることができます。レバーの最後にこの評価制度を当てるのは、この設定方法によって組織はドライブされるものだからです。逆に言えば、このモノサシと評価精度の巧拙によっては、8つのレバーを有効に作動させることができなくなる可能性もあるので留意が必要です。KPI設定は、良薬とも毒ともなり得ると心得るべきものです。

　ここまでみてきたように、経営戦略とは進むべき方向性を見定める行為なだけではなく、刻々と変化する市場や競合や顧客環境のなかで、複雑に展開される組織や業務プロセス、そしてリーダーシップや従業員の意識までをも一定の方向に向けて集結させていくものといえます。

1-5

ESG視点を踏まえた 戦略検討の進め方

サステナビリティ・トランスフォーメーション（SX）実行にあたって

■ESG経営に向けた経営戦略

　ESG経営の第一歩は、経営戦略の見直しです。自社がESGにフィットした会社になっているかという視点はもちろんですが、自社の顧客がESG経営に向けて舵を切っていくなか、ビジネス機会への対応能力が問われます。ESGは新しい市場であり、そのビジネスをいち早く獲得するためにも、ESGの視点を自社の経営戦略に取り込んでいくことが求められています。

　企業の活動を評価するモノサシが確実に変わってきているなかで、環境や社会課題解決を企業の長期的な企業価値向上に結びつけることは必然であり、財務情報だけでは測れない機会やリスクを、総合的に判断することになります。

■SX推進にあたっての４つの視点

　ESG経営の実現にあたっては、企業の稼ぐ力の強化と社会の持続可能性への取組みを融合することが必要です。それは、企業の持続性・成長性を高め、中長期的な価値向上を目指す取組み、すなわち「**サステナビリティ・トランスフォーメーション（SX）**」にも通ずるものです。

　SX推進のための視点として、大きく「ステークホルダー重視」「未来志向」「パーパス経営」「信頼のおける経営」の４つがあります。

図表1-5-1　サステナビリティ・トランスフォーメーションのためのキードライバー

ステークホルダー重視	未来志向
社会課題全体への責任 コレクティブインパクト 規制対応	バックキャスティング メガトレンドへの対応
「信頼のおける」経営	パーパス経営
コーポレートガバナンス 適切な情報開示 コンプライアンスとリスクマネジメント	適切なミッションの設定 従業員のモチベーション

SXのための
Key Driver

出所：KPMGコンサルティング作成

■価値創造ストーリーの可視化

　SXという中長期的な価値向上を目指す取組みにおいては、10年後、30年後などの将来に自社がありたい姿、目指すべき姿（ビジョン）を実現するためのロードマップを策定する、いわゆる「**時間的逆算思考（バックキャスティング思考）**」が不可欠です。ESG経営の戦略検討にあたっては、まずはサステナビリティを「自分ごと」化し、企業価値向上と社会価値向上の両立をどう実現していくのかをストーリーとして可視化することが重要となります。この価値創造ストーリーの可視化は、全従業員とパーパスを共有し、価値創造のベクトルを合わせるうえできわめて重要です。

　価値創造ストーリーを実現するためには、**マテリアリティ**（持続的な成長と中長期的な企業価値向上のために取り組まなければならない重要課題。詳細は第2章を参照）を特定したうえで、経営資源を活用し事業活動を行うことになります。そして、パーパス実現の舵取りを行い、下支えするのが**コーポレートガバナンス**の役割です。また、過去実績の報告のみでは持続可能性を伝えることはできないため、実現可能性を担保する情報を付与し、あるべき姿に向かうための道筋を示すことが、これからのIRに求められます。

図表1-5-2　価値創造ストーリーの可視化

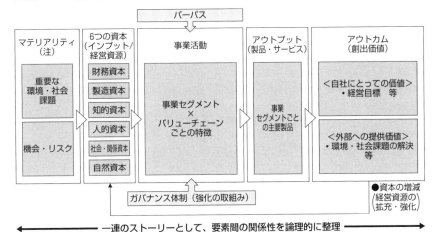

（注）価値創造プロセスのなかでのマテリアリティの位置付けは会社によって多様である。
出所：KPMGコンサルティング作成

■SX実行グランドスケジュールの策定

　SXの実現に向けて、自社の立ち位置と目指すべき「レベル」を適切に整理する必要があります。実現のためのステップは大きく3つのレベルで設定可能です。レベル1は、企業のレピュテーション（評判）や資産に対して直接的かつ即座の影響を及ぼすリスク事象への予防・発見・対処（例：法令違反、企業倫理に反する行為、不正・不祥事等）であり、「消極的リスク対応」ともいうべき取組みです。これをクリアできている企業は、近い将来予想されるサステナビリティ関連の規制や社会情勢、ステークホルダーからの期待などの事業環境への対応・適応を行う、レベル2へと移行します。レベル2は「積極的リスク対応」と呼べる段階です。さらに、レベル3では、企業自身が理念・理想を持ち、共感するパートナーとともに、あるべき未来像を描き、それに向けた包括的な経営アクションを作り込んでいく「社会課題解決型」ともいえる対応となります。

　多くの企業は、レベル1「リスク対応（消極的リスク対応）」からレベル2「環境適応・生存（積極的リスク対応）」への移行において多くの課

題を抱えているのが現状です。

図表1-5-3　SX導入のステップ

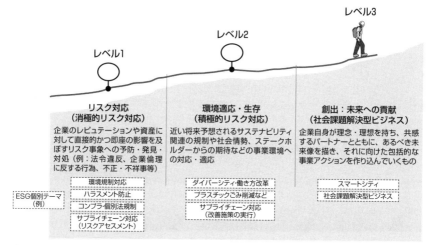

出所：KPMGコンサルティング作成

第2章

ESGの変遷と
ESG課題

2-1

ESGとはどのようなものか

持続可能な開発、持続可能な開発目標とは

■ESGが提唱された経緯

　日々の報道でも、また企業の広報発信でも、目に入らない日はないと言えるほど、ESGの3文字はいまでは一般的になっています。ではESGという言葉は、誰が、いつから、どのように使い始めたのでしょう？　少し注意深くみてみると、使われ方は必ずしも統一されておらず、書き手によって、少しずつ異なる文脈で用いられていることがわかります。

　ESGという言葉が最初に使われたのは、2006年に国連のアナン事務総長（当時）が提唱した**責任投資原則（PRI[1]）**といわれています。PRIは、責任投資を「環境（Environment）、社会（Social）、ガバナンス（Governance）の要因（ESG要因）を投資決定やアクティブ・オーナーシップに組み込むための戦略および慣行」と定義しており、そのESG要因は無数にあって絶えず変わっている、とも示されています。

　PRIは、機関投資家の観点で打ち出された原則です。図表2-1-1に示すように、PRIが例示するESG要因は多岐にわたり、必ずしも明確な整理がされているわけではありません。しかし、これらの要因（すなわち、E・S・G）が投資慣行や投資ポートフォリオに影響を与える可能性があること、したがって、何らかの対応が必要であることを示したこと自体が大きな意味を持っています。

1　PRI: PRINCIPLES FOR RESPONSIBLE INVESTMENT. AN INVESTOR INITIATIVE IN PARTNERSHIP WITH UNEP FINANCE INITIATIVE AND THE UN GLOBAL COMPACT, 2021

図表2-1-1　PRIによる「なぜ責任投資なのか？」と「ESGの例」

なぜ責任投資なのか？

マテリアリティ (重要性)	市場の需要	規制
ESG要因がリスクとリターンに影響する可能性があることは金融業界および学会において認識されています	自己の資金がどのように投資されているのか、その透明性の向上を受益者や顧客は求めています	ESG要因の考慮を投資家の顧客や受益者に対する義務のなかに含めるガイダンスが規制当局から出ています

環境・社会・ガバナンス（ESG）要因の例は無数にあり、絶えず変わっています。その一部を以下に挙げます。

E：環境	S：社会	G：ガバナンス
・気候変動 ・資源の枯渇 ・廃棄物 ・汚染 ・森林減少	・人権 ・現代奴隷制 ・児童労働 ・労働条件 ・従業員関係	・賄賂および腐敗 ・役員報酬 ・取締役会/理事会の多様性および構成 ・ロビー活動および政治献金 ・税務戦略

出所：PRIブローシャー「責任投資原則 国連環境計画・金融イニシアティブ（UNEP FI）と国連グローバル・コンパクトと連携した投資家イニシアティブ」を基にKPMG FAS作成

■当初は何を目的としたものだったか

PRIの使命は、
- 経済的に効率のよい、持続可能な国際金融システムを達成すること
- このシステムにより、長期的な責任投資に報い、かつ環境や社会に利益をもたらすこと

です。

PRIの構築を主導した2つの組織、国連環境計画・金融イニシアティブ（UNEP FI）と国連グローバル・コンパクト（UNGC[2]）の動きはすべて、**"持続可能な開発"** を目指しています。

2　UNGCは、国連と民間企業・団体の協力により健全なグローバル社会を築くためのサステナビリティ・イニシアティブです。2000年に発足、2021年には世界約160か国、17,500を超える企業・団体が署名する、世界最大のイニシアティブとなりました。署名企業等は、人権の保護、不当な労働の排除、環境への対応、そして腐敗の防止に関わる10の原則に賛同する企業トップ自らのコミットメントを基に、その実現に向けて努力を継続しています。

■ESGの出発点：持続可能な開発

1987年に、国連事務総長の呼びかけで組織された「環境と開発に関する世界委員会」が、「地球の未来を守るために（Our Common Future）」という報告書を公表しました。この報告書で、これからの社会が目指さなければならないと明確に謳われたのが、「持続可能な開発（Sustainable Development）」です。同委員会のブルントラント委員長による報告書の緒言は、国際協調の停滞、自然資源への圧力、債務危機、格差の拡大等、現在の私たちの身近に迫っている問題を列挙しています。この報告書は、それらの問題を克服し、必要な広範囲の社会改革を行い、持続可能な開発を達成して永続するための長期戦略を、私企業を含むあらゆる主体に向けて提示したものです。

持続可能な開発という概念[3]は、1992年に開催された国連環境開発会議（リオサミット）にも受け継がれ、地球規模から地域、組織、個々人の取組みまで、さまざまな場面においてわれわれが目指すべき、まさに共通の未来の姿となっています。

▶MDGs

ミレニアム開発目標（Millennium Development Goals：MDGs）は、特に途上国の最貧困層の状況改善等を目的とした国際社会共通の目標です。2000年に開催された国連ミレニアム・サミットで採択された国連ミレニアム宣言を基にまとめられ、貧困撲滅、初等教育の普及等、2015年までに達成すべき8分野[4]の目標を掲げました。これらの目標達成に向けた取組みは、期限である2015年までに図表2-1-2のように一定の成果をあげることができ、次なる目標として、以下に示すSDGsに引き継がれました。

---

3 「将来の世代の欲求を満たしつつ、現在の世代の欲求も満足させるような開発」

4 ①極度の貧困と飢餓の撲滅、②普遍的な初等教育の達成、③ジェンダーの平等の推進と女性の地位向上、④幼児死亡率の引き下げ、⑤妊産婦の健康状態の改善、⑥HIV／エイズ、マラリア、その他の疫病の蔓延防止、⑦環境の持続可能性の確保、⑧開発のためのグローバル・パートナーシップの構築

図表2-1-2　MDGs達成状況の例：極度の貧困にある人口の減少

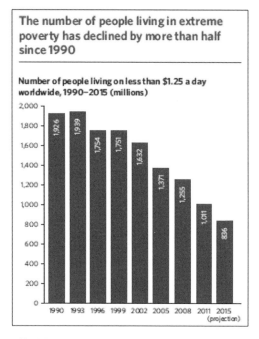

出所：United Nations, The Millennium Development Goals Report, 2015

■SDGs

持続可能な開発目標（Sustainable Development Goals：SDGs）は、MDGsの後継として、2015年の国連サミットで採択された国際目標です。MDGsの対象は途上国でしたが、SDGsでは先進国も含む全世界を対象としており、国連決議「アジェンダ2030[5]」の目指す持続可能な開発を目標とするものです[6]。SGDsは「誰一人取り残さないこと（leaving no one behind）」を誓い、2030年までに持続可能でよりよい世界を実現するための17のゴール、169のターゲットで構成されています。

5　https://documents-dds-ny.un.org/doc/UNDOC/GEN/N15/291/89/PDF/N1529189.pdf?OpenElement

6　https://www.un.org/sustainabledevelopment/

図表2-1-3　持続可能な開発に関する年表

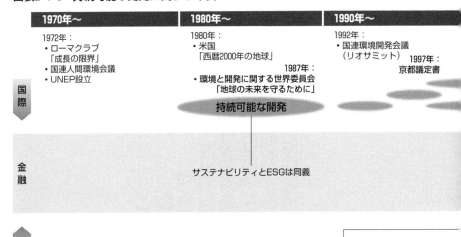

1970年〜	1980年〜	1990年〜

1970年〜
1972年：
• ローマクラブ
「成長の限界」
• 国連人間環境会議
• UNEP設立

1980年〜
1980年：
• 米国
「西暦2000年の地球」

1987年：
• 環境と開発に関する世界委員会
「地球の未来を守るために」

1990年〜
1992年：
• 国連環境開発会議
（リオサミット）
1997年：
京都議定書

国際

持続可能な開発

金融

サステナビリティとESGは同義

企業

出所：KPMG FAS作成

■持続可能な開発と企業の関係

　MDGsやSGDsを受けて、持続可能な開発と企業の関係も変化してきました。ともすれば企業による資源の収奪、環境破壊等が注目されがちであった時代から、**企業が世界のサステナビリティを高める主体**となる時代に変わりつつあります。それを示す具体例の１つが、企業のESGに関する取組みです。

2000年〜	2010年〜	2020年〜

2000年：
・国連ミレニアム・サミット

2015年：
・国連サミット

ミレニアム開発目標（MDGs）　　　持続可能な開発目標（SDGs）

2015年：
・パリ協定

・UNEP-FI
・UNGC

2006年：
・責任投資原則（PRI）

ESG要因

2017年：
・TCFD提言

2023年：
・ISSB基準

スチュワードシップ・コード

コーポレートガバナンス・コード

2-2

ESG課題とは

気候変動がESGの最重要課題

■企業のESG課題への取組み例

　ESGは機関投資家の視点で打ち出された考え方であり、国際的に確固たる定義はありません。また、ESGと「サステナビリティ」という言葉の関係も、必ずしも定まっていません。たとえば、後述するSASBはESGとサステナビリティを同義であるとして区別なく使っていますし、日本のコーポレートガバナンス・コードや日本版スチュワードシップ・コードのなかでは「サステナビリティ（ESG要素を含む中長期的な持続可能性）」とされています。しかし、E＝環境、S＝社会、G＝ガバナンスという対応は共通しています。

　また、これら3つは相互にも関連しており、個別にではなく一緒に扱うほうが望ましい場合も多くあります。たとえば、国際的にビジネスを展開する食品製造企業では、次のようなESG課題への取組みがあり得ます。

　E：原材料を採取する地域の自然環境保全に積極的に取り組む
　S：児童労働やマイノリティ差別等のない雇用・労働環境を整備する
　G：自社の内部統制状況について、積極的に情報開示を行う

　製造・販売する食品の原材料は、途上国を含む世界各国から調達されます。この場合、次のような姿勢でE、S、Gそれぞれの課題に取り組むことができます。

• 「調達元の地域で無用な資源の収奪を避け、土地に合った農法を取り入れるなどにより自然環境の保全に努める（Eの課題への対応）とともに、

先住民等が居住する場合は彼らの権利や慣習を尊重し、適切な雇用機会を提供して共存共栄を図る（Sの課題への対応)」

• 「こうした活動について、成功事例とともに問題の発生・克服状況等をも対外的に公表していく（Gの課題への対応)」

これらを、従来型のCSR（企業の社会的責任）活動としてではなく、**本業ビジネスのなかに戦略的に位置付けて実施できる企業は、投資家からも消費者からも高く評価される**ことになります。

図表2-2-1　食品製造企業のESG活動イメージ図

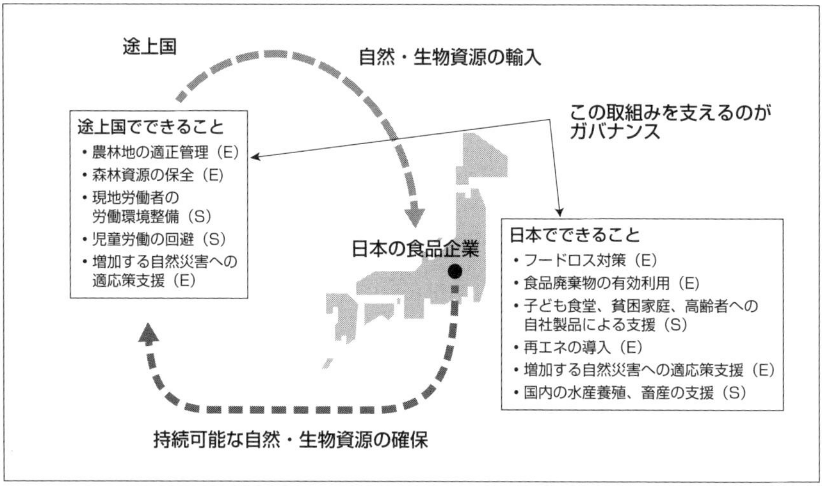

途上国　　　　　　　　自然・生物資源の輸入

途上国でできること
• 農林地の適正管理（E）
• 森林資源の保全（E）
• 現地労働者の労働環境整備（S）
• 児童労働の回避（S）
• 増加する自然災害への適応策支援（E）

この取組みを支えるのがガバナンス

日本の食品企業

日本でできること
• フードロス対策（E）
• 食品廃棄物の有効利用（E）
• 子ども食堂、貧困家庭、高齢者への自社製品による支援（S）
• 再エネの導入（E）
• 増加する自然災害への適応策支援（E）
• 国内の水産養殖、畜産の支援（S）

持続可能な自然・生物資源の確保

出所：KPMG FAS作成

逆に、これらのESG課題に対応しない企業は、投資家や消費者、さらには労働市場からも評価を得ることが難しくなり、その結果、持続的な成長や企業価値の向上も難しくなります。

加えて、近年では新型コロナウイルス感染症や地政学リスクをはじめとしたさまざまなリスクが発現・顕在化したことを受け、企業を取り巻く環境は大きな不確実性に直面していることがよく理解されています。たとえば、エネルギー価格や物価の上昇に伴うコストの増加は、価格転嫁やコス

ト負担のあり方をバリューチェーン全体に対して問題提起しています。また、近年ではサイバーセキュリティに係るリスクはあらゆる企業に常につきまとうものですが、自社で万全な体制を築いたつもりでも、取引先で十分な対策が講じられていなければ、思わぬところからセキュリティが破られサイバー攻撃を受ける可能性もあります。

　このような事業環境の複雑化に鑑みると、企業にとっては、社会のサステナビリティを経営課題として織り込むことを通じて、長期的かつ持続的に成長する力を維持・強化していくことが、企業価値の向上のために欠かせなくなってきています。

■経営課題として取り組むべきESGの重要課題

　経営課題として取り組むべき重要なESG課題とは何で、どのように取り組めばよいか、多くの企業が検討を重ねています。

　企業がESG／サステナビリティに取り組むうえで欠かせないものとして、「マテリアリティ」という概念があります。

　「マテリアリティ」は、重要性などを意味する際に用いられ、もともとは企業が非財務情報（財務情報以外の情報）を開示するにあたり、より重要な非財務情報に焦点を絞るための尺度の意味合いが強いものでした。近年ではこの考え方から発展して、ESG情報の開示に関する枠組み等を利用して、自社の価値観、ビジネスモデル、戦略やステークホルダーへの影響等と照らして重要度を評価して、ESG課題を絞り込むこと（「マテリアリティ特定」）が一般的に行われています。上場企業などのウェブサイト上の「サステナビリティ」ページをみると、このマテリアリティを特定するステップを含めて開示しているケースが非常に多いことに気づきます。

　企業に関連するESG要素は多岐にわたりますが、業種やビジネスモデル・戦略、事業を行う国・地域等によって、ESG課題は異なってきます。とりわけ、ガバナンス（G）に関する課題はほとんどの企業に共通するものが多い一方で、環境（E）や社会（S）に関する課題については、一般的に業種により大きく異なります。次項では、マテリアリティ分析の手法と

併せて、業種別の重要な課題をみていきます。

　近年、気候変動はあらゆる業種において重要な課題とされています。たとえば、世界経済フォーラム（WEF）が毎年発行している、世界が今後直面するトップリスクについて分析した「グローバルリスク報告書」では、2023年版を含むここ数年のトップ5の大半を、気候変動に関連するリスクが占めています。また、SASBは、気候変動のリスクと機会はほぼすべての業種に存在するため投資家はそのリスクを分散することができない（したがってマネージすべき）と述べています。

■ESG最大の課題である気候変動

　ここまでに述べたとおり、ESGやサステナビリティに関するリスクや機会は複雑に絡み合っています。それらの課題に、広く、長期にわたって影響を及ぼすのが気候変動です。

▶気候変動と企業のESGの関わり

　気候変動が、多くの環境（E）に関わる大きな問題であることは先述のとおりです。化石燃料の消費による温室効果ガスの排出や、再生可能エネルギー利用技術の開発、洪水・熱波のような異常気象による被害など、企業活動そのものに直接的な影響があることもよく理解されています。しかし、社会（S）やガバナンス（G）とのつながりは、少しわかりにくいかもしれません。

▶気候変動と「社会（S)」の関わり

　社会には、企業による地域コミュニティの尊重、サプライチェーン全体に関わる人々の労働条件や人権の確保等の課題があります。企業が働きかける対象となるのは、主に社会的立場が弱い人たちで、途上国の労働人口の多くを占める農業従事者、屋外で建設・輸送に従事するエッセンシャルワーカー等が含まれますが、彼らは特に気候変動の影響を受けやすい立場でもあります。先住民コミュニティをめぐる問題は、彼らの居住地におけ

る大規模プランテーションやダム開発で生じる場合がありますが、森林や集水域の大規模な改変は、温室効果ガスの排出量を増やし、豪雨、干ばつなど気候変動による影響への脆弱性を、一層高めることになります。

▶気候変動と「ガバナンス（G)」の関わり

　ガバナンスは、投資家がESGのなかで特に重視する要素であるといわれています。ただこれは、いまのところ最も評価しやすい要素、と読み替えることができるかもしれません。コーポレートガバナンス・コードが示すように、企業の公正な経営・管理体制をつくり、リスクに適切に対処し、株主を含むあらゆるステークホルダーの利益最大化を図るための企業統制がガバナンスであり、企業のビジネス戦略を推進する根幹となるものです。企業の戦略は、経営層から実務担当者までが明確な認識の元で、言わば"腹落ち"して取り組んでこそ実現可能です。上に挙げたようなEやSに企業がどう取り組むか、その結果を左右するのが企業のGということになります。

　気候変動の問題を解決すれば、他の問題もすべて解決するわけではありません。しかし、気候変動への対処を通して、他の問題への負の連鎖を防ぐこともでき、かつ、新たなチャンスとなる可能性もあります。

■ESG課題を経営戦略にどう取り込むか

▶GHG排出性向からの考察

　ESG課題を自社の経営戦略に取り込む際に、何より重要なことは「まずは己を知る」ことです。たとえば、気候変動問題への対応を経営戦略に取り込む際に、自社のGHG（グリーンハウスガス、温室効果ガス）排出性向を知り、サプライチェーンの物理的リスクを洗い出すことからはじめてみることが考えられます。

　企業のGHG排出量は、自社のボイラーや社用車等で使用する燃料などによる**スコープ１**、自社で使用する電力などからの**スコープ２**、自社のサプライチェーンで発生するその他の排出すべてを含む**スコープ３**に区分さ

れます。

58〜59ページの図表2-2-2に示すとおり、企業のGHG排出量をスコープ別に整理すると、多くの企業が「スコープ1＋2型」、「スコープ3型」、「低排出型」に分類できます。スコープ1＋2型の代表的な業種は、鉄鋼、電力、航空、船舶です。鉄鋼は鉄鉱石の還元剤として高炉に投入する大量のコークスを、電力は発電のための燃料として石炭や天然ガスを、航空・船舶は燃料としてジェット燃料や重油を利用します。一方、スコープ3型の自動車やタイヤの製造・販売、エアコンなどの家電製品、都市ガスの販売などの業種は、製造する製品やサービスが、販売先において化石燃料や電力を消費します。

このような見方をすると、自社が取り組むべき移行リスクのタイプがみえてきます。つまり、スコープ1＋2型の企業は「燃料や原料の転換／低・脱炭素化」が、そしてスコープ3型企業は「自社製品の低・脱炭素化」が、自社の経営戦略上重要なESG課題になります。

▶ESG課題と経営戦略

ESG課題と経営戦略が直接関係している企業の多くは、すでに経営課題として取り組んでいると考えられます。たとえば、自動車や自動車部品の製造会社は、内燃機関の自動車から電気自動車への大変革に取り組んでいます。製鉄関連企業は、コークスを還元剤とする製鉄手法から、電炉導入、水素の還元剤利用等、中長期的な視座で変革を進めています。

ESG課題と経営課題の関係性がなかなか具体的に見いだせない企業もあるかもしれません。たとえば、低排出型に分類される企業は、ESG課題を自社のリスクとしてではなく、機会、つまり自社のビジネスチャンスと関係付けてみることをお勧めします。バルブ製造の高い技術を有する企業は、超低温・高圧下での操作が必要な水素にビジネスチャンスがあるでしょう。プラスチック製造のリーディング企業は、製品のマテリアル・リサイクル、ケミカル・リサイクルを実現化させることにより、プラスチック業界のなかで事業を伸ばすことができるかもしれません。

図表2-2-2　スコープ１＋２型、スコープ３型、低排出型企業のグラフ

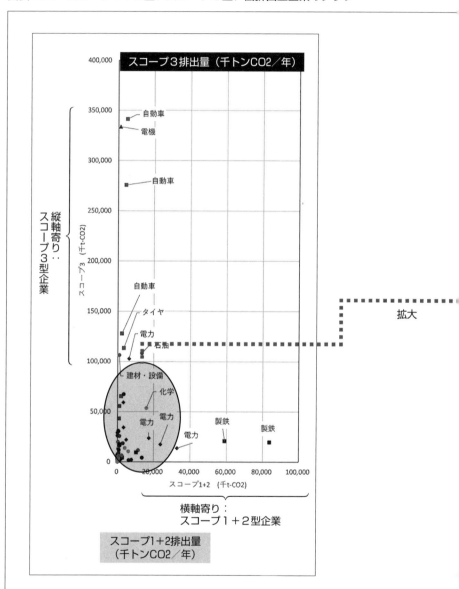

出所：各社資料よりKPMG FAS 作成

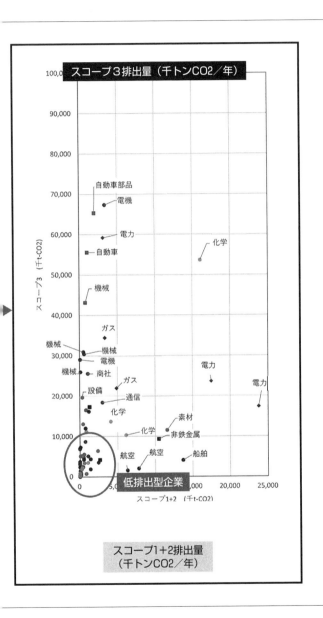

当初は自社の技術的蓄積や実績から出発し、特に意識していなかったビジネス戦略でも、どこかで必ずESG課題との関係性を見いだすことができるはずです。まずは、一見関係性がないような自社の「得意技」と、ESG課題との関係性の所在を根気強く探してみるべきでしょう。多くの企業が「世界のESG課題は自社のビジネスチャンスである」ととらえて活動することにより、気候変動問題や自然資源の枯渇の問題は解決に向けて少しずつ改善していくでしょう。

2-3 マテリアリティの特定方法

いかにサステナビリティを企業価値向上に結びつけるか

■マテリアリティ特定の意義とその手法

　近年、機関投資家をはじめとする投資家はより長期的視野に立つようになり、企業を評価するうえでESG情報をますます重視するようになってきています。投資家が求めているESG情報とは、単にCSRへの取組みだけではなく、企業が自社のサステナビリティと社会のサステナビリティとの関係をどのように企業価値に対する機会やリスクとしてとらえ、経営理念やビジョンを実現するための戦略を策定・実行しているかに関するものです。企業価値向上への取組みのなかでESGをどのように位置付けるのか、また企業のビジネスモデルの持続性や戦略の実現可能性にどのような影響

図表2-3-1　マテリアリティを踏まえた価値創造ストーリー

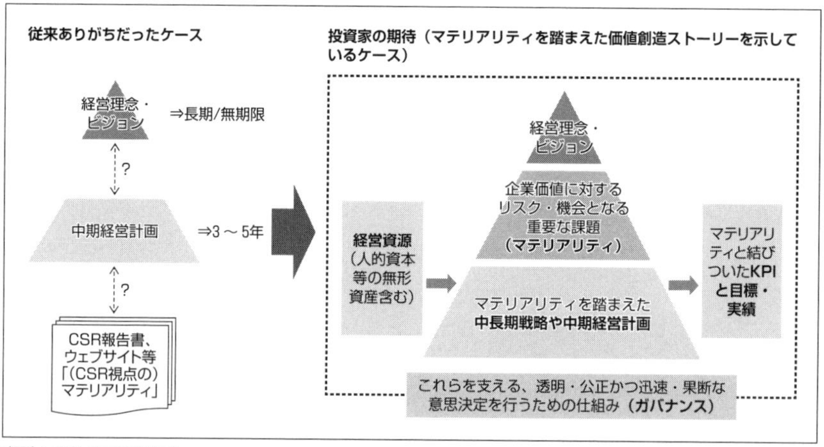

出所：KPMG FAS作成

60

を与えるのかを分析し、経営に落とし込むとともに投資家へも伝えていく、そのために有用なツールが「**マテリアリティ特定**」や「**マテリアリティ分析**」と呼ばれるプロセスです。

　近年、マテリアリティ特定は多くの企業で実施されており、特定したマテリアリティの項目のみならず、特定するために経たステップや自社の価値創造プロセスとの関係等が企業のウェブサイトや統合報告書、有価証券報告書等で開示されています。それらをみると、マテリアリティ特定は概ね下図のステップで実施されていることがわかります。

図表2-3-2　マテリアリティ特定のステップ

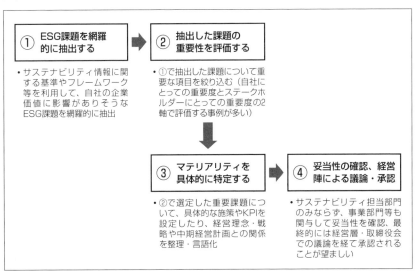

① ESG課題を網羅的に抽出する
・サステナビリティ情報に関する基準やフレームワーク等を利用して、自社の企業価値に影響がありそうなESG課題を網羅的に抽出

② 抽出した課題の重要性を評価する
・①で抽出した課題について重要な項目を絞り込む（自社にとっての重要度とステークホルダーにとっての重要度の2軸で評価する事例が多い）

③ マテリアリティを具体的に特定する
・②で選定した重要課題について、具体的な施策やKPIを設定したり、経営理念・戦略や中期経営計画との関係を整理・言語化

④ 妥当性の確認、経営陣による議論・承認
・サステナビリティ担当部門のみならず、事業部門等も関与して妥当性を確認、最終的には経営層・取締役会での議論を経て承認されることが望ましい

出所：KPMG FAS作成

■ESG課題の抽出方法

　前述のとおり、マテリアリティはESG経営の中核要素といえます。そのため、マテリアリティ特定の最初のステップである**ESG課題の抽出**（図表2-3-2の①）並びに**その重要性の評価**（同②）は、特に重要なステップとなります。抽出・評価するESG課題は、個々の企業のビジネスモデル等

により異なる面はあるものの、同じ業種であれば共通していることが多くあります。また、投資家は同じ業種の企業をグローバルベースで比較・分析して投資判断を行うことが多く、この点からも業種ごとの視点は重要となります。

　数多く存在するESG・サステナビリティ関連の情報開示基準やフレームワーク（詳細は第6章を参照）のなかで、マテリアリティに関してある程度標準化されたリストを幅広い業種別に提供していることから、「**SASB スタンダード**」[7]がよく利用されています。SASBスタンダードは、77の業種ごとに企業の財務パフォーマンス・価値創造能力に影響を与える可能性が高いサステナビリティ課題を特定しています。マテリアリティの候補リストをイチから自社で作成することは、企業によってはリソース面等で難しい場合もありますので、このような業種別に特定されたESG課題を参考にすることは効率的かつ効果的なアプローチとなります。

7　SASBとは、Sustainability Accounting Standards Board（サステナビリティ会計基準審議会）の略称で、サステナビリティの財務インパクトに関する企業と投資家の共通言語を開発することを掲げ、2011年に米国で設立された非営利団体です。企業、投資家、各業界の専門家等が約6年にわたりエビデンスに基づく分析・議論を重ね、2018年に11セクター・77業種についてのサステナビリティ情報の開示に関する基準（SASBスタンダード）を公表しました（その後も継続して改定）。
　SASBスタンダードは、①財務的に重要（＝短・中・長期の財務パフォーマンスと企業価値の評価の基礎となる）で、②意思決定に有用な（＝定性・定量双方のデータを含み、競合他社と比較可能性がある）情報を、③コスト効率的に提供することを目的として開発されました。
　ブラックロックのラリー・フィンクCEOによる投資先企業への年頭書簡（いわゆる「フィンク・レター」）において、2020年、2021年とSASBスタンダード（およびTCFD提言）に沿った情報開示が要請されたことなどもあり、国内外で代表的なサステナビリティ基準として認知されています。さらに、ISSB（国際サステナビリティ基準審議会）により開発され、今後世界各国で採用が見込まれる「IFRS®サステナビリティ開示基準」は、SASBスタンダード（およびTCFD提言）をベースに開発されているため、今後も引き続きグローバルスタンダードの重要な構成要素となるものと考えられます。

2-4 産業ごとのESG重要課題

産業別に求められる取組みを整理する

■重要なESG課題（消費財・小売業の例）

　本項では消費財・小売業を例に、SASBスタンダードを手掛かりにして、気候変動以外の主要なESG課題をみていくこととします。

▶消費財・小売業界に求められるマテリアルなESG課題

　次ページの図表2-4-1は、SASBスタンダードにおける消費財・小売業界のサブセクター別の「**開示トピック**」（企業の財務パフォーマンス・価値創造能力に影響を与える可能性が高いサステナビリティ課題）です。

　多くのサブセクターに共通するトピックとしてエネルギー管理、水処理、サプライチェーン・マネジメントに関する取組みがあり、これらの情報開示が強く求められていることが伺えます。特に、農産物から家庭用、個人用製品まで扱うメーカーは、世界中から部品や材料を調達していること、また国際的な企業が多く多国展開が進んでいることから、グローバルレベルでのサプライチェーン・マネジメントが企業活動における重要課題の1つと位置付けられています。主要トピックについて開示が要請される背景・概略は以下のとおり整理されます。

✓主なトピックの取組み意義

(1)　エネルギー管理

　「農産物」、「食肉・家禽及び乳製品」、「加工食品」などのサブセクターでは、価値創造のための主要なインプットとして、エネルギーと燃料に大きく依存しています。また、「清涼飲料」や「酒類」などのサブセクター

図表2-4-1　消費財・小売業界のサステナビリティ開示トピック

トピック	農産物	食肉・家禽及び乳製品	加工食品	清涼飲料	酒類	衣服・装飾品及び履物	家庭用及び個人用製品	食品小売及び流通	飲食店	集計
環境										
GHG排出量	●	●		●				●		4
大気質										0
エネルギー管理	●	●	●	●	●			●	●	7
水及び排水管理	●	●	●	●	●		●	●		7
廃棄物及び有害物質管理								●	●	2
生物多様性影響		●								1
社会関係資本										
人権及び地域社会との関係										0
お客様のプライバシー										0
データセキュリティ								●		1
アクセス及び手頃な価格										0
製品品質・製品安全	●	●	●	●			●	●	●	7
消費者の福利		●	●		●			●	●	5
販売慣行・製品表示			●	●	●			●		4
人的資本										
労働慣行								●	●	2
従業員の安全衛生	●	●								2
従業員参画、ダイバーシティと包摂性										0
ビジネスモデル及びイノベーション										
製品及びサービスのライフサイクルへの影響		●	●	●	●			●		5
ビジネスモデルのレジリエンス(強じん性)										0
サプライチェーンマネジメント	●	●	●	●	●	●	●	●	●	9
材料調達及び資源効率性	●	●	●	●	●			●		6
気候変動の物理的影響										0

出所：SASBの資料を基にKPMG FAS 作成

では、製造施設のみならず流通センターや倉庫の運営においても多大なエネルギーを使用しています。さらに、「食品小売及び流通」や「飲食店」サブセクターは、業務用厨房機器、冷暖房、換気・照明等、他の商業スペースに比べてエネルギー集約度が高い業種となります。

　よって、これらのサブセクターでは、競争上の優位性を維持するために効率的なエネルギー使用が不可欠となります。たとえば、代替燃料の使用、再生可能エネルギーの購入などの意思決定は、エネルギー供給費用と信頼性の両方に影響を与えます。

(2)　サプライチェーン・マネジメント

　いずれのサブセクターも、グローバルなサプライチェーンや幅広いメーカーから原材料や商品を調達していることから、企業が環境問題や社会問題についてサプライヤーを選別、監視、関与することは、その企業が供給を確保し、価格変動を管理する能力に影響を及ぼします。

　特に、「衣服・装飾品及び履物」サブセクターにおいて、サプライチェ

ーンにおける労働者の扱いと労働者の権利の保護は消費者、規制当局、主要企業間で関心が高まっています。また、洗剤・化粧品の原料として使用されるパーム油の収穫は、森林破壊、GHG排出、その他の環境問題や社会問題の原因となる可能性があります。よって、パーム油原料は、責任をもって調達しなければ企業の評判や規制上のリスクをもたらす可能性があります。

　企業は主要なサプライヤーと協力して環境リスクと社会リスクを管理し、サプライチェーンの弾力性を高め、評判リスクを軽減し、潜在的に消費者の需要を増やしたり、新しい市場機会を獲得したりすることが肝要となります。

■その他の産業におけるESG課題の例

▶化学産業のESG課題

　化学産業は全産業のなかでもGHGの排出量が多く、脱炭素社会の実現に向けて抜本的な取組みが必要な産業です。同時に、技術開発の力で脱炭素社会の実現に貢献できる産業でもあります。

図表2-4-2　化学産業のESG課題

化学

■　脱化石燃料由来（バイオ由来）
■　脱炭素化（軽量化貢献、熱マネ貢献、CCUS 等）
■　サーキュラーエコノミー化（ケミカルリサイクル等）

　自らの脱炭素化を進めるために、まず化石燃料由来の原料以外の原料ソースからの化学品製造プロセスに目処をつける必要があります。脱炭素化への貢献としては、航空機・自動車に使われる金属などの素材代替による

軽量化貢献や、航空機・自動車の電化に伴う耐熱、放熱等の熱マネジメント高度化に資する新素材開発による貢献等、脱炭素化に向けた取組みへの多くの貢献が期待されています。

また、ペットボトルのBottle to Bottleの再生やアパレルのポリエステル繊維製品の回収—リサイクル—製品化、家電・自動車樹脂部品・部材等のリサイクル・サーキュラー化の取組みにも化学産業の力は欠かせません。

▶エネルギー産業のESG課題

2011年の福島原発事故以降のわが国のエネルギーミックスは、化石燃料由来の発電方式への依存度が高くなり、発電に起因するGHG排出量の削減が期待されたようには進んでいない状況が続いています。このような状況下、政府が第6次エネルギー基本計画にて提示したように、脱化石燃料由来エネルギーミックスへの早期移行が期待され、特に洋上風力発電をはじめとする再生可能エネルギーの大量導入、および次世代技術としての水素エネルギーの活用等のテーマは高い注目を集めています。また、GHG排出量削減の1つの方向性として、原子力発電所の運転期間の延長や再稼働なども解決策となり得る選択肢としてとらえられています。

また今後日本の人口が減少し、既存の大規模エネルギーインフラの維持が難しくなった場合も想定し、再生可能エネルギーや蓄電池など分散型エネルギー資源を活用したインフラ整備・まちづくりについても、政府・地方自治体と協力しながら取り組むべきと考えられます。

図表2-4-3　エネルギー産業のESG課題

エネルギー

- ■ 脱化石燃料由来（太陽光、風力、水素等）
- ■ 原子力再稼働
- ■ 分散電源化

▶製造業のESG課題

　製造業の主要課題としては、サプライチェーンにおけるスコープ３の
GHG排出量への対処が挙げられます。スコープ３排出量への対処方法と
しては、製造業のバリューチェーン全体を通じた取組み、具体的には
ECMとSCMが挙げられます。

図表2-4-4　製造業のESG課題

製造業

- ■　ECM（エンジニアリング・チェーン・マネジメント）
- ■　SCM（サプライチェーン・マネジメント）

　ECMとは、製造プロセスにおける上流、すなわち企画構想、設計開発、
試作試験などのプロセスを管理し、製品企画・開発サイクルの最適化を通
じたコストの最適化および製品の品質向上を目指すものです。たとえば、
販売した製品の使用後の回収率を高めるために、製品売切りモデルから、
所有権を留保するプロダクトサービスモデルへの移行が有効な手法として
挙げられます。この際に、自社製品で使用されている資源のインフロー（製
品製造時のバージン材、再生材の使用量）とアウトフロー（製品使用後の
再生、廃棄の量）がどの程度なのかを把握し、現状の資源循環による経済
的、環境的インパクトの大きさを評価することが有益です。

　SCMは昔からあるトピックですが、ESG経営においてはサステナブル
調達が重要な要素となります。具体的には、サプライヤーを選定・評価す
る際にQCD（品質・コスト・納期）の観点だけでなく、調達先の人権リ
スク（強制労働、児童労働等）や環境リスク（環境汚染、生態系の破壊等）
を評価し、問題点があった場合には是正する取組みです。欧米を中心に

RBA（レスポンシブル・ビジネス・アライアンス）やSedexといったガイドラインやプラットフォーム、EcoVadisのようなサプライチェーンのサステナビリティを評価する仕組みの活用が広がってきています。このような評価手法を活用して、ESGの観点からサプライヤーの選定・評価、購買活動、サプライヤーとのコミュニケーション（質問票による調査含む）、改善活動などを一気通貫で管理できるようなプラットフォームを整備し、サプライヤーに対するリスク管理を包括的・効率的に行うことが有効と考えられます。

▶建設業のESG課題

　建設業界では、請け負った工事の一部を協力会社へ委託し（一次下請け）、その会社がさらに別の会社へ委託する（二次下請け）など、多層的なサプライヤー構造が一般的です。この業界構造を踏まえた重要なESG課題として、サプライチェーンにおける人権尊重の徹底と労働環境の整備を挙げている会社が多くみられます。**サプライヤー行動規範（サステナブル調達ガイドライン）**の策定、サプライヤーへの展開、遵守状況のモニタリング、改善に向けた働きかけ等が重要な施策となります。

図表2-4-5　建設業のESG課題

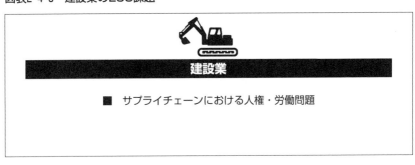

　また、昨今の外国人労働者をめぐる不正行為の発生を受けて、**外国人技能実習生**を雇用している取引先の実態把握を行っている会社も見受けられ

ます。こういった「責任あるサプライチェーン」に向けた取組みを行っている会社の多くが現状では一次サプライヤーを対象にしていますが、これをどこまで広げていけるかが今後の課題と考えられます。

　建設業のESG課題への取組みの例としては、三菱地所株式会社の呼びかけにより2018年に発足した、建設・不動産業界大手8社による「建設・不動産『人権デュー・デリジェンス勉強会』」があります。この勉強会は、国連の「ビジネスと人権に関する指導原則が企業に求める『他者の人権を侵害することを回避し、関与する人権への負の影響を防止・軽減・是正する措置を講じる』責任を果たすため、人権への影響の特定や対処法等に関する調査・研究を行うものです。」と発足時のプレスリリース[8]にあるとおり、一企業を超えて業界として取組みを行っていることは注目すべき点となります。

▶情報通信業のESG課題

　情報通信業における代表的なESG課題のうち、リスクとしての側面が強いものとしては、顧客のプライバシーおよびデータセキュリティが挙げられます。近年、情報通信企業は顧客のウェブ閲覧履歴や位置情報等を活用して、サービスを改善するとともに新たなサービスを生み出し、事業を成長させています。一方で、データプライバシーに関する消費者の関心の高まりとともに、データの収集や使用に関する規制当局による監視も強まっており、それらに適切に対処できなければ、信頼の喪失・顧客離れの結果として収益の減少、さらには法的リスクにさらされることになります。

8　「建設・不動産『人権デュー・デリジェンス勉強会』」発足時プレスリリース

図表2-4-6　情報通信業のESG課題

情報通信業

- ■ プライバシー、データセキュリティ
- ■ AI倫理
- ■ デジタル・デバイド、金融包摂への取組み

　サイバー犯罪の脅威が高まっている現代においては、データセキュリティ対策の失敗は、対消費者の観点でも対規制当局の観点でも、重大なリスクとなりうるため、中長期的に重要な課題として取り組んでいく必要があります。また、最近ではAI（人工知能）の活用が進んできたことに伴い、その正しい利活用（いわゆるAI倫理）にも注目が集まりつつあります。2021年4月に公表されたEUのAI規則案では、リスクの高いAIの類型（たとえばサブリミナルな技法など）を禁止・規制し、違反した場合には巨額の制裁金を課すことなどが提案されています。

　他方で、機会としての側面が強いESG課題には、デジタル・デバイド（情報通信技術を利用できる人と利用できない人との間に生じる格差）や、金融包摂（金融サービスの網から取りこぼされている人を取り込むこと。ファイナンシャル・インクルージョン）への取組みがあります。通信インフラの発達やスマートフォンをはじめとしたテクノロジーの進歩により、多くの国・地域で、物・サービスの売買やそれらの決済、銀行・資産運用、行政サービスに至るまで、各種オンラインサービスが安価に提供されるようになってきました。ところが、経済的・社会的な理由から、依然としてそういったサービスへのアクセスができない人々、十分でない人々がいるため、そのような格差の解消という課題に取り組むことは、社会貢献のみならず、企業に新たな市場・収益獲得の機会をもたらすものであるといえます。

2-5　TCFD提言フレームワークを活用したESG課題への取組み

活用によって新たなビジネスチャンスをつかめる

　気候変動がESG最大の課題である点は本章2項で説明しましたが、気候変動がリスクであり、かつ、チャンスでもあると認識している重要な組織が、**金融安定理事会（FSB）**です。FSBは、G20各国の財務省、中央銀行、金融監督当局と国際機関をメンバーとする組織で、金融システムの安定に関する国際的な課題の議論、協調促進等の役割を担っています。

■TCFDの設立経緯

　FSBが近年の重要課題として取り上げたのが、気候変動問題です。FSBの認識と姿勢は、**気候関連財務情報開示タスクフォース（TCFD）**による提言のサマリーで強く打ち出されています。

TCFD提言サマリーより（太文字強調箇所は筆者による）

気候変動による財務的影響

　企業が現在直面する、最も重要で、かつ最も誤解されているであろうリスクの1つは、気候変動に関するものだ。（中略）この問題は大規模で長期にわたるものであるため、特に経済的意思決定にあたって非常な困難を伴う。だからこそ多くの企業が、気候変動とは長期の問題であり、現時点の意思決定には関係ないとの誤った認識を持ってしまう。

　しかし、気候変動による企業への潜在的な影響は物理的なもののみではなく、また長期的に表れるもののみでもない。（中略）実際、気候関連リスクや想定される低炭素経済への移行は大部分の経済セクタ

71

ーと産業に影響を及ぼす。低炭素経済への移行に伴う変化は**重要なリスクを与える一方**、気候変動の緩和と適応のソリューションに十分留意する企業には**大きな機会をもたらすものでもある**。

（中略）

　さらに、低炭素経済への移行は、重要かつ場合によっては短期的に全経済・産業にわたる破壊的な変化が求められるものであるため、財政の政策決定者は、特に金融の混乱や資産価値の急激な損失を避けるという点で、グローバルな財務システムへの影響に関心を持っている。そうした懸念と、金融仲介機関や投資家への影響の可能性から、**G20財務大臣及び中央銀行総裁らは、金融安定理事会（FSB）に、金融セクターがどのように気候関連の問題を考慮できるかをレビューするよう求めた。**

出所：TCFD, Recommendations of the Task Force on Climate related Financial Disclosures (2017) を基にKPMG FAS作成

　気候変動の問題は、企業にとっての重要なリスクにも大きな機会にもなり得るものであるとG20財務大臣会合が認識したことを契機として、金融機関がこの問題をどう考慮すべきかを検討するため、FSBがTCFDを設立しました。このタスクフォースには、投資家、貸付業者、保険会社が重要なリスクを理解するうえで役に立ちそうな、自主的で一貫性のある気候関連財務情報開示方法の開発が依頼されました。TCFDによる提言は、**投資家等の金融セクターにとってわかりやすい開示の枠組みとして構築され**ました。

■TCFD提言が要請している“財務情報”としての気候関連情報

　さらに、TCFD提言のサマリーでは、本提言が求めるものは投資家の理解を深めるための“財務情報”としての気候関連情報であり、企業の業績そのものを示す年次財務報告に含まれるべきものであるとみなされています。日本企業で言えば、有価証券報告書がこれに該当します。

　しかし、FSBは金融システムの安定だけを目的にしたわけではありま

せん。FSBの諮問を受けたTCFD議長のマイケル・ブルームバーグは、TCFD提言の巻頭言で、FSB議長のマーク・カーニーにあてて「この提言が広く採用されれば、**気候変動の影響がビジネスと投資の意思決定において常に考慮される**ようになる。」（太文字強調箇所は筆者による）と述べています。気候変動は、経済活動のなかで当然扱われるべき課題である、との認識が読み取れます。ビジネスを行う事業会社が開示情報の作成者になるだけでなく、その情報により自らの気候関連リスクを把握・回避し**新たなビジネスチャンスを獲得するための効果的なツール**としても活用できるのがTCFD提言です。

2-6

TCFD提言の4つの柱とは

投資家が企業価値を容易に評価できるように設計されている

TCFDのフレームワークのなかで最も重要なものが、「**ガバナンス**」「**リスク管理**」「**戦略**」「**指標と目標**」という4つの柱です。これらは、企業開示の主要な利用者である投資家が、企業価値の評価を容易に行えるように設計されています。本項では、これら4つの要素を詳しくみていきます。

■4つの柱の関連性

4つの柱は、図表2-6-1に示すとおり互いに関連性を有しています。

企業は自社が現在直面する、または将来直面する可能性のある、比較的

図表2-6-1　TCFD提言の4つの柱

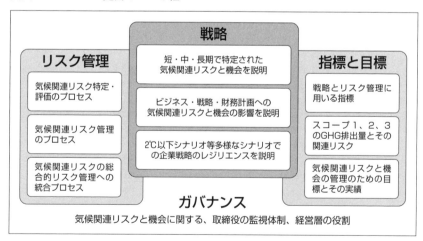

出所：TCFD, Recommendations of the Task Force on Climate related Financial Disclosures (2017) を基にKPMG FAS作成

新しい課題である気候変動やサステナビリティに関連するリスクと機会を識別して特定する必要があります。これらのリスクや機会が自社の事業や戦略、財務計画にどのような影響を及ぼすかについて大まかに評価し、その結果を、「シナリオ分析」という手法を用いて精緻化したうえで対応策を構築し、「戦略」としてまとめます。

この戦略策定のプロセスで識別されるリスクを取り出して、自社の「リスク管理」プロセスに入れ込み、最終的には総合的リスク管理やBCP（事業継続計画）に統合していきます。

そして、「戦略」や「リスク管理」の進行管理を行うために「指標」を設定し、具体的な「目標」を掲げます。

以上のすべてのプロセスを理解して、自社としての決定・判断を行い、適切な指示を出すのが「ガバナンス」です。欧米企業は、以上の戦略策定、リスク管理等をトップダウンで行うケースが多くみられます。一方、日本企業はボトムアップ型、つまりサステナビリティ推進部がある程度検討し、サステナビリティ委員会等で議論したうえで上層部に報告し、経営判断するケースが多いようです。どちらのケースでも、ガバナンスが実効性を有しているか否かが最も重要であり、投資家に対して、この実効性を如何にうまく開示するかがポイントになります。

■ガバナンス

ガバナンスは、サステナビリティ経営を目指す企業にとって、最も重要な要素です。つまり、企業がESG課題に取り組む姿勢について、経営レベルの「本気度」を投資家にコミットする仕組みを説明するのが「ガバナンス」に関する開示です。たとえば、自社のGHG排出量はそれほど多くなくても、熱源を石炭に依存していれば、脱炭素社会に向かうなかでの移行リスクが高いかもしれません。土砂災害防止に役立つ製品を販売していれば、気候変動の物理的リスクへの対応ビジネスに進出できる可能性があります。このような自社のサステナビリティに関連したリスクと機会を、まずは経営層がしっかりと把握することが重要です。次に、適切な対応策

をとり、リスクを低減するための取組みを、または新たなビジネスを創出する活動を、担当部署や担当役員に任せきりにせず、経営層が率先して指揮を執り導いていく体制およびこれを監視する体制を構築する必要があります。

▶サステナビリティガバナンス構築の方法

　サステナビリティに関するガバナンスの構築で最も避けたいことは、見栄えのよさを狙って実効性の乏しい、うわべだけの「体制図」を開示することです。最も大事なことは、経営層が問題の本質を理解し、サステナビリティ経営の責任の所在や社内の役割分担が明確になっていることです。多くの日本企業では、経営層のなかに自社製品の製造の現場、自社の主要サービスに精通した人材がいます。そのような人材がサステナビリティに関するリスクおよび機会の監督に携わり、識別した課題について取締役会等で前向きな議論ができる体制を構築してそれをわかりやすく開示できれば、投資家からみた「ガバナンス」は高い評価が得られるでしょう。

図表2-6-2　ガバナンスの良い例と悪い例

	良い例	悪い例
経営者の理解	・自社のESG課題を理解し、リスクと機会に率先して対応する ・取組みの過程や結果の具体的な開示に積極的	・ESG対応は"コスト"との認識にとどまっており、課題を理解しない ・開示の体裁や同業他社との横並びを重視し、内容には無関心
社内体制	・体制のトップとして経営層が指揮を執り、主な事業部門も関わる ・自社事業に精通した取締役クラスの人材が、リスクと機会を監督する	・サステナビリティ部門に対応が任され、経営層や事業部門が不参加 ・ESG課題が別扱いされ、自社のリスクと機会が腹落ちされない
投資家・ステークホルダー対応	・ESG課題に関する投資家等との対話に、経営者が自ら対応できる	・投資家等からのESG関連の質問に、経営者自らの回答ができない

出所：KPMG FAS作成

■リスク管理

　リスク管理は、従来から企業にとって重要な課題です。たとえば、戦争・テロ、新型コロナウイルス感染症、情報セキュリティへの脅威、自然災害、データ改ざん等、企業価値に影響を与えるリスクは多岐にわたって存在しています。このようなリスクの発現を可能な限り事前に予想し、適切な対策をとっていくことの重要性に異を唱える経営者はいないでしょう。

　ESG課題は、このリスク管理に密接に関連しています。想定しやすい例では、気候変動の物理的リスク、つまり気象災害の増大が挙げられます。企業のサプライチェーン、特に農産物等の原材料を海外の途上国に依存している場合、気候変動による途上国の洪水や干ばつの増加は、直接的に生産活動に影響するリスクになります。**間接的なリスク**も重要です。たとえば、鉱物資源を輸入している企業にとって、鉱物の採掘による環境破壊（Ｅ）や地元民の不当労働（Ｓ）が生じている場所・企業からの資源購入は、評判リスク（レピュテーションリスク）を生じさせるでしょう。

▶リスク管理方法の２つのアプローチ

　まずは、自社の現在のリスク管理方法について、「**直接的影響の見直し**」と「**間接的影響の追加検討**」の２つのアプローチで見直すことが望ましいでしょう。「直接的影響の見直し」とは、自然災害等現在でもリスク管理要素として挙げている項目の、強度等の見直しです。「間接的影響の追加検討」とは、輸入資源等の生産や採掘の現場における環境破壊（Ｅ）や社会的影響（Ｓ）等の見直しです。特に、自然資源に関しては近年、**自然関連財務情報開示タスクフォース（TNFD）**が設立され、自然資源の配慮に関する気運が高まっています。また、TCFD提言のなかでもGHG排出量、エネルギーと並んで「**水**」が重視されています。まずは、リスクが発現すると企業の業績に直接的に関わる直接的影響の見直しから開始し、間接的影響の追加検討は計画的に取り組み、その成果を段階的に開示していくことが望ましいでしょう。

図表2-6-3　リスク管理の成功例と失敗例

	成功例	失敗例
気候関連リスクの把握	・気候関連リスクの識別・評価が、組織全体で包括的に行われている ・自社の直接的影響、サプライチェーンへの間接的影響の双方とも、見直しを計画的に進めている	・気候関連リスクが旧来の環境負荷規制対応の一部にとどまる ・自社の直接的影響のみに注目し、サプライチェーンへの間接的な影響に関心がない
気候関連リスクの管理プロセス	・気候関連リスクが、組織の総合的リスク管理プロセスに統合されている ・気候関連リスクの対応状況を、段階的に開示している	・気候関連リスクが、組織の総合的なリスク管理に統合されていない ・気候変動リスク対応について、計画的な取組みや開示が行われていない

出所：KPMG FAS作成

■戦略

　ESG課題に取り組む際の戦略は、上記のとおり企業が通常の事業計画・戦略を策定するタイムスパンと異なります。特に、気候変動問題を対象とする際の目標年は、直近でも2030年、長期では2050年になります。このように、長期間を見据えて、不確実性を有する課題に対して戦略を策定するときには、「シナリオ分析」という手法が有効です。TCFD提言はもちろん、**ISSBの気候関連開示基準**でもシナリオ分析の利用が推奨されています（82ページのコラム参照）。

▶戦略策定の方法

　企業が直面するESG課題は、業種・規模により大幅に異なります。特に、気候変動問題は、GHG大量排出者とそれ以外で採用するべき戦略が大きく異なります。GHGを大量に排出する企業、特に化石燃料を自社で消費する企業は、「**移行リスク**」にどのように対応していくかが非常に重要になります。TCFD提言を踏まえると、「戦略」のなかでは次ページのようなストーリー展開を投資家に示すことが望まれます。

図表2-6-4　望ましい戦略のストーリー展開

気候変動問題を含む世界のさまざまな事象のもとで、
現在および将来に対応する自社の戦略や財務計画は**堅牢**である

自社の体制は、将来の気候関連リスクと機会に前向きに取り組み、
リスクを減らし機会を生かすことに**積極的**である

不確実性が高い気候変動の影響に対応することができるように、
自社の組織は十分な**柔軟性**を有している

出　所：TCFD, Recommendations of the Task Force on Climate related Financial Disclosures (2017)
　　　　およびTCFD, The Use of Scenario Analysis in Disclosure of Climate Related Risks and Op-
　　　　portunities (2017) を基にKPMG FAS作成

　たとえば気候変動問題では、戦略を検討する際の着眼点として、自社の
移行リスクや物理的リスクを明らかにして取り組むことは重要ですが、他
社のリスクを削減することを機会としてとらえて、自社のビジネスチャン
スを見つけていくことも重要でしょう。たとえば、物流企業は自社のサー
ビスを低・脱炭素化すれば、「物流プロセスのCO_2削減」を掲げて営業展
開ができます。素材産業は、自社の素材のCO_2原単位（**経済活動量１単
位あたりのCO_2排出量**）を低減することで、より高いCO_2原単位の他社
との調達競争に勝てるかもしれません。

▶ビジネスシーズ・ニーズ

　戦略を検討する際に、企業が理解しておいたほうがよい、もう１つ重要
なポイントは、気候変動に代表されるESG課題が包含するビジネスのシー
ズ・ニーズは非常に多様であるということです。自社の「得意技」をど
の方向に伸ばしていくか、ESG課題にどう絡めていくか、受け身ではな
く能動的に仕掛けていくことが望まれます（次ページの図表2-6-5を参照）。

図表2-6-5 ビジネスのシーズ・ニーズの例

事業例	サステナビリティへの貢献の内容
大豆ミートや培養肉生産	畜産業に起因するCO2やメタン排出を減らし、土地、水など自然資源への環境負荷も低減できる
CLT（Cross Laminated Timber）による高層建築	鉄やセメントを使用しないことでCO2排出を減らし、木材にもCO2を固定する
パルプ排水（黒液）による苛性ソーダ製造	排水を利用することで、苛性ソーダの新規製造よりも消費電力が減る
ゴム・パーム農園へのマメ科植物のカバークロップ導入	マメ科植物が土壌に窒素を供給するため、石油由来の化学肥料を削減できる
上水道配水管からの漏水防止	浄水の過程で電力を多く消費するため、漏水防止は電力削減効果をもたらす
発泡ポリスチレンの軽量盛土材による災害復旧工事対応	増大する気象災害のリスクに、迅速な適応が可能になる
炭酸飲料の炭酸源のバイオマスへの置換	化石燃料から得る炭酸ガスをバイオマス由来に変更すれば、化石燃料の消費量を削減できる

出所：KPMG FAS作成

■指標と目標

　指標と目標について、ESG課題のなかの環境（E）に関しては公害対策基本法の頃から、企業は積極的に取り組んで開示してきました。特に、大気汚染や水質汚濁などの原因となる環境汚染物質の排出量や目標の達成状況の開示は企業の義務として、環境安全部等を設置して組織的に行われてきました。一方、これからのESG課題における指標と目標について、気候変動問題を例としてみてみましょう。

▶指標と目標の具体例

　TCFD提言では、以下を企業の開示するべき内容としています。
- 自社の戦略とリスク管理プロセスに即して、気候関連のリスクおよび機会を評価する際に用いる指標を開示
- スコープ1、スコープ2および当てはまる場合はスコープ3のGHG排出量を開示
- 気候関連リスクおよび機会を管理するために用いる目標、および目標に

対する実績について説明

　ISSBが2023年 6 月に公表した気候関連開示基準では、非常に多岐にわたり、かつ詳細な情報の開示を求めています。ただし、TCFDの提言を完全に取り入れたものであることも明示されています[9]。

9　出所：IFRSプレスリリース「ISSB―最初のサステナビリティ開示基準を公表」（2023年6月23日）

コラム：シナリオ分析とは

● TCFD 提言におけるシナリオ分析の定義、位置付け

▸ TCFD 提言では、シナリオ分析を「気候関連リスクと機会の、企業戦略における意味合いを理解するための重要で便利なツールである」としています。

▸ 気候変動による影響は、多くの企業にとって中長期的に現れてきます。したがって、そうした影響がいつ頃、どの程度の規模で生じるかを正確に見極めることは難しいという制約があります。

▸ シナリオ分析とは、このような不確実性が高く、予測の難しい将来の状況を検討するために用いる手法です。気候変動による長期的な将来の変化を想定しつつ、それらが自社の、または投資先企業のビジネス戦略や財務、業績にどのような影響を及ぼし得るかを検討する際に、戦略的思考を強化するツールとなるものです。

▸ TCFD は、過去と将来の両方向で分析を行いつつ、将来分析により重点を置くことを奨励しています。シナリオ分析を行うことで、企業は、気候変動の物理的・移行リスクおよび機会が自社のビジネスに及ぼし得る長期的な影響について、理解を深めることができるようになります。

● シナリオとは

▸ シナリオとは、仮想的な概念・モデルであり、起こり得る将来への道筋を記述的に表すものです。具体的な予測や詳細な試算を行うものではなく、あり得る将来の中核的な要素にハイライトを当て、そうした将来に導く主要因に目を向けさせるものです。

▸ 分析に用いるシナリオは、自社で独自に開発する方法と、国際機関や業界団体等が公表している既存のシナリオを用いる方法とがあります。TCFD 提言では、シナリオ分析に不慣れな企業は定性的・記述的なシナリオから始め、経験を積むとともに、定量的なシナリオ分析に進むことが望ましいとされています。

▸ あり得るシナリオの候補は無数ですが、無理に多数のシナリオを使う必要はありません。TCFD では、少なくとも2℃シナリオを使用することと、その企業の状況に最も関係の深いシナリオを検討することを推奨しています。

出所：TCFD, Recommendations of the Task Force on Climate related Financial Disclosures (2017) および TCFD, The Use of Scenario Analysis in Disclosure of Climate Related Risks and Opportunities（2017）を基に KPMG FAS 作成

第3章

新しい市場の開拓とイノベーションの創出

3-1 ESG経済への対応

マクロ環境をとらえてゴールを定める必要がある

■持続的成長と中期（長期）戦略

　持続的成長は、競争優位性によって勝ち取られ、差別化によって参入障壁を上げて安定化することでもたらされるといわれてきました。しかし、近年の経営学の研究によって、こうした考え方は現代のビジネスには必ずしも当てはまらないということが明らかにされつつあります。グローバル化や技術進歩などによって、以前よりも環境変化のスピードが速いためです。

　「一時的な競争優位性」を「連続的に獲得」している企業が勝ち残れる企業であり、その獲得能力こそが差別化要因であるという考え方です。いわゆる「ダイナミック・ケイパビリティ」と呼ばれる理論ですが、この要諦は「急速に変化するビジネス環境の中で、変化に対応するために内外の様々なリソースを組み合わせ直し続ける、企業固有の能力・ルーティン」（入山章栄『世界標準の経営理論』ダイヤモンド社）にあります。

　前述の能力をどうすれば企業が獲得できるのかについては一概には言えませんが、ダイナミックに市場環境へ適応する試みである以上、複雑で細かすぎる固定的なプロセスやマニュアルは大きな足枷になることは確かです。

　では、こうした前提で持続的成長をみた際、中期経営計画はどうあるべきでしょうか。数値計画に収斂されるいわゆる一般的な「中計」とは別に、ESGのリスクと機会を取り込むための中期経営計画で押さえるべきポイントは図表3-1-1のとおりです。ESGは持続的成長と社会課題の解決を同時に推進する試みでもあり、20年・30年という単位でみる必要があります。

　この際、製品やサービス、そしてこれらで得られる顧客や市場シェアな

図表3-1-1　ESGのリスクと機会を織り込んだ中期経営計画策定の留意事項

i	現時点で取り込むべき持続的成長を阻害するリスク要因への手当て
ii	自社が社会課題に打ち勝つ領域の設定、負けてはいけない領域の設定

出所：KPMG FAS作成

ど、現在の状況を前提として計画をつくる必要はありません。現在と同じ状況が続く保証などどこにもないからです。新しい市場に取り組むためには、後述するインテリジェンス機能などを実装し、現状を「いったん忘れた」うえで、環境変化、人口動態、技術開発の進捗、といったマクロ要因をとらえ、このような外部環境から導き出されるトレンドから自社が進むべき方向性を制約なしで議論したほうが有益です。そこに自社が持つ強み（もちろんこれも持続的であるかどうかは別問題）を加味してゴールを設定し、バックキャストで戦略と計画を練っていきます。

■上場企業と非上場企業

　とはいえ、将来の予測をすること自体が簡単なことではなく、特に中小企業がマクロトレンドを分析する必要性は高くないとする議論も聞かれます。大手製造業の下請けとして機能している会社は、その規模の如何によらず取引先の指示（場合によっては図面）に基づいて製造を請け負っているのであって、関係が強固であればあるほど、マクロトレンド以外の個別要因も意識しなければならないことも事実でしょう。

　ESGに関しても、上場企業と非上場企業では、要求される基準が異なり、上場企業は市場から資金調達できる反面、情報開示やガバナンス上のルールが決められており、その義務も非上場企業の比ではありません。特に、グローバル市場で戦っている企業であれば、その比較対象はグローバルであり国内の競合をみているだけでは不十分です。守りに徹していては勝てない、という姿勢と覚悟によって、市場を切り拓いていく必要があります。

85

図表3-1-2　上場企業と非上場企業が課せられているルールのちがい

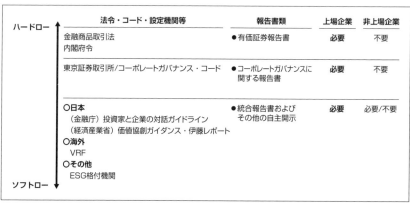

	法令・コード・設定機関等	報告書類	上場企業	非上場企業
ハードロー	金融商品取引法 内閣府令	●有価証券報告書	**必要**	不要
	東京証券取引所/コーポレートガバナンス・コード	●コーポレートガバナンスに 関する報告書	**必要**	不要
	○**日本** 　（金融庁）投資家と企業の対話ガイドライン 　（経済産業省）価値協創ガイダンス・伊藤レポート ○**海外** 　VRF ○**その他** 　ESG格付機関	●統合報告書および その他の自主開示	**必要**	必要/不要
ソフトロー				

出所：KPMG FAS作成

　他方、非上場企業のケースでは、規制が少なく、また機関投資家や評価機関からの監視を受けないという特徴があるものの、世界の情勢の変化や時代の流れから取り残されるリスクが増大します。証券取引市場に晒されていない分、批判的な情報やフィードバックを資本市場から得られないことで、特にガバナンス等に関わるリスクや機会についての最新情報から距離が生じてしまうおそれがあります。

　しかし、非上場企業も、規模にかかわらず、ESG経済から逃れることはできないでしょう。上場企業との取引では、従来からのQCD（Quality, Cost and Delivery）に加え、環境、人権、データセキュリティなどの基準対応を要求されることが増えることが予想され、これらを遵守できなければ、サプライチェーンから排除されることになります。大企業におけるスコープ３の取組みは、サプライチェーンを遡って波及します。世界的な動きからはどのような企業であっても、その影響から逃れることはできないと認識したうえで、今後の計画を立案すべきでしょう。そしてその際、社会からの要請で「やらされている」のではなく、この動きを「機会」としてとらえていく攻めの姿勢が重要なのです。こうした対応に敏感で能動的な企業は、他の企業との差別化を図ることができるでしょう。

■スコープ３とサーキュラーエコノミー

　温室効果ガス（GHG）プロトコルによる「事業者の排出量算出及び報告に関する標準」によって定義されたスコープによって、**排出量の算定区分が３つに分類**されました。これにより温室効果ガス削減に向けての具体的な対策が可能となり、企業はサプライチェーンにおける排出量を把握し、管理していくことが求められるようになりました。TCFDでは各スコープにおける算出を求めており、特にスコープ３を含めたサプライチェーン全体での排出量を重視していることが特徴的です。

図表3-1-3　サプライチェーン排出量

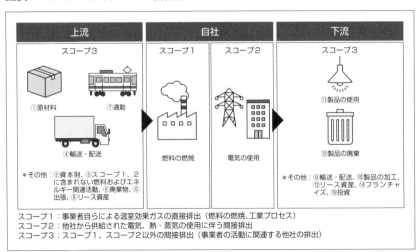

出所：環境省「グリーン・バリューチェーンプラットフォーム：サプライチェーン排出量全般」を基にKPMG FAS作成

　スコープ３ではサプライチェーンの上流と下流を対象とし、原材料の調達やその輸配送、製品の使用や廃棄に伴う温室効果ガス排出量をも対象としています。調達に関しては、人権・環境問題に関する重要な論点として、コバルト等原材料調達時の紛争鉱物、エネルギー消費の環境問題、児童労働の人権問題、リサイクル（特にレアメタル抽出時）・廃棄時の環境問題などが議論されてきました。各国で人権・環境保護に関する各種ガイドラ

図表 3-1-4　サプライチェーンに関する法令（主なもの）

法制度	国（地域）	施行年
ドッド・フランク法	米	2010
カリフォルニア州サプライチェーン透明法	米・カリフォルニア州	2012
非財務情報開示指令	EU	2014
現代奴隷法	英	2015
企業注意義務法	仏	2017
児童労働デューデリジェンス法	蘭	2022
サプライチェーン・デューデリジェンス法	独	2023
EUデューデリジェンス法	EU	2024（一部）

出所：KPMG FAS 作成

インが策定・検討されており、サプライチェーンのデューデリジェンスについてのスキーム・ルールが整備されつつあります。現在は、企業の独自基準での自主活動を自社HPに掲載するといった状態から、政府や業界団体、NPO等から客観的な評価を受ける活動へと昇華しており、認証スキームにも着目していく必要があります。

また、廃棄に関しては、英国エレン・マッカーサー財団による2012年の「**サーキュラーエコノミー**」の概念の提唱に端を発し、その後の2015年のUNEP（国連環境計画）による海洋プラスチックごみに関する問題提起など、企業を巻き込んで新しい収益モデルを模索するプロジェクトやイニシアティブが組成されています。日本では外資系のB2C企業を中心に、たとえば紙ストローの採用など、プラスチック代替物の開発やリサイクルを推進するような取組みが話題になりましたが、ここでも欧米に比して数年の遅れが発生しており、ルールメイキングにおける主導権の取り方に課題が見受けられる状況です。

調達、廃棄（リサイクル）を含めたサーキュラーエコノミー領域は、ESG経営の機会そのものであり、新しい市場を開拓すべき大きなチャンスであることは間違いありません。技術的な困難さはいまだにあるものの、ここでの勝者は相応のリターンもあると考えてよいでしょう。

3-2

新規事業開発への取り組み方

上手な企業は情報を活かす体制（インテリジェンス機能）が構築されている

■新規事業開発の手法

　企業の事業ポートフォリオの再構築は経営の重要な意思決定の１つです。なかでも新規に事業を開発し、自社の事業ドメインを拡充・拡大していくことは中長期の成長に不可欠な取組みです。新規事業開発が得意な企業には実は明確な特徴があるのですが、その手法は大きく変わってきています。

　近年の新規事業開発はデータ利活用に重点を置いた検討が進んでおり、さまざまなデータが機械学習され、AIを駆使して解析され、自社にとっての新規事業の領域が半自動的に特定されていくといったアプローチが主流になってきています。

　一般的に企業が新規事業を展開していく場合、３つの壁があるといわれます。１つ目は自社の顕在・潜在技術を活用した**事業アイデア創出の壁**、２つ目がそれらのアイデア（ビジネスアイテム）を実際に**製品化（サービス化）する壁**、そして３つ目がその製品やサービスを**ビジネス化（収益化）する壁**、です。これらの壁が生じる原因はさまざまありますが、AI活用によって、少なくとも１つ目の壁は以前よりも容易にクリアできるようになってきています。

　壁をクリアする方法は大きく２つあり、１つ目は自社の技術を起点としたもの（技術転用の視点）、２つ目は外部環境の変化に対応する方法です。最近では２つ目をきっかけとした新規事業開発も盛んで、ESGやカーボンニュートラルなどは「社会課題の解決のため」という提供価値を起点として、自社の強みを活用できないか、というアプローチとなります。

図表3-2-1　新規事業開発の3つの壁

事業アイデア創出	製品化（サービス化）	ビジネス化（収益化）
■ 思いつき ■ マーケットプル型イノベーション ■ キーとなるのは情報といわれている ■ 例. ポストイット 　✓ 教会で聖書から落ちた栞を見て、粘着力のない接着剤の用途を思いつく ■ 例. ストライキによって労働供給不足 　✓ オフィスオートメーション発達	■ 特に技術の開発 ■ テクノロジープッシュ型イノベーション ■ 商品やサービスについても開発は必要。その場合は各詳細設計を指す ■ 例. レーザー技術の開発 　✓ レコード → CD → 音楽配信（破壊的イノベーション）	■ ビジネスモデルづくり ■ 値付け、販売ルート確定、マーケティングなど

出所：KPMG FAS作成

　いずれのアプローチにおいても、新規事業の開発テーマの設定に関しては、社内にあるさまざまなデータと外部のデータを重ね合わせ、その「関連性」「社会性」「新規性」「成長性」「実現性」などを検証していくというのが基本的なプロセスとなります。

■メガトレンドをとらえる

　ロシア・ウクライナ紛争に端を発して改めて認識された地政学的リスクによって、企業は経営意思決定にさらなる迅速さを求められるようになりました。

　また、新型コロナ感染症によって経済活動が停滞し、調達のあり方、消費に対する考え方、働き方など、企業は多くの課題に取り組む経験をし、さらに、業界によっては破壊的な技術革新によりその事業形態の変化を余儀なくされた等、環境変化のスピードや影響のインパクト、そして複雑さは以前とは比較にならないものとなっています。

　これまでリスクとしてとらえてはいたものの、具体的な施策に落とし切れていなかった（先送りにしていた）各種の課題が、あらためて認識されています。

図表3-2-2　近年の主なメガトレンド

世界の経済力のシフト	■中国やインドの台頭により、アジアが世界の経済成長をけん引 ■中国やインドでは中流層人口が増加、消費・投資活動が活発化
地政学リスクの増大	■紛争発生に伴う地政学のリスクが表面化 ■政治的な分断により経済活動に制約が発生
気候変動と資源不足	■CO2の排出量の増加や天然資源の枯渇 ■CO2排出や資源採掘に関する規制の厳格化
人口構造の変化	■先進国を中心に少子高齢化が進展し、自国内での労働力の確保が困難 ■世界人口の増加に伴う、資源分配の変化
テクノロジーの進歩	■あらゆるものがネットワーク経由で自動制御される時代が到来 ■AIや機械による労働力の代替が進む

出所：KPMG FAS作成

　今後、政治分断や経済の分断がさらに進むとすれば、これまでのグローバリズムの概念を変更せざるを得なくなり、結果として事業ポートフォリオやサプライチェーンの改修を大胆に行う必要が生じる企業がさらに増えることが想定されます。企業経営上の各機能における施策は、対症療法的な打ち手にとどまらず、根本的な修正を余儀なくされることでしょう。

　こうした地政学リスク、ESGなどのムーブメント、技術革新、それらに対する規制など、事業への影響をメガトレンドとしてとらえ、平時においても将来の予測を行い、さらに有事発生時の影響を即座に分析することができる、そうしたノウハウ・体制の獲得・構築が、多くの日本企業にとって喫緊の課題といえます。

　世の中の変化に対して「適応が上手」な企業が存在します。規制等にも即時に対応しその後の市場を席捲するような企業です。

　こうした企業群をみると、いわゆるロビー活動に頼らない情報収集に関しては、どの企業も同じような手法を採用しており、その手法は類型化が可能です。具体的には「メガトレンド」「社会課題」「研究開発」「業界コ

ンセンサス」の４つの情報を統合してシナリオを策定している、ということです。

これまで、多くの日本企業の研究開発においては、事業環境の変化、顧客ニーズ、パートナー企業・大学の知見を分析しながら、研究開発ポートフォリオの検討が進められてきました。それらは事業環境、すなわち「表出した社会課題」に基づくものが主であったと推察されます。

しかしながら、データに基づく潜在的な社会課題の抽出とそれに伴う研究開発ポートフォリオの優先順位付けの重要性は増しており、欧州における成功企業の多くは、前述の人・組織による分析に加え、データによる「潜在課題の抽出」を「通常業務」として組み込んでいるケースがほとんどです。

■インテリジェンス機能の実装

欧州の優良企業の多くは、前述したメガトレンドをとらえることに加えて、情報の管理・統合、エスカレーション、意思決定、さらにそれらの統制について、一気通貫でのプロセスを定義しており、必要な情報を必要なタイミングで必要な役職者に共有する仕組みを整備しています。こうしたプロセス整備は、社外のインテリジェンスネットワークの活用・運営の基盤になると同時に、社内のグループ会社を含めたガバナンスとしての基礎にもなります。

特徴は、まず「経営意思決定（戦略・企画部門）」「技術開発（知財部門）」「リスクマネジメント（渉外部門）」「インテリジェンス」の４つの機能が有機的に連携している点です。そして、（会社によって名前はさまざまですが）インテリジェンス機能を担う部門が主導権をとり、情報を集約してシナリオを策定し、それらを常に更新する業務フローが定義されている点です。情報の管理・統合は、このインテリジェンス機能を担う部門が、責任を持ち、そのために必要な情報は各機能を通じて整備され、その適正さについても随時見直しができるような牽制機能も保持しています。

図表3-2-3　シナリオプランニングを実現するインテリジェンス機能の例

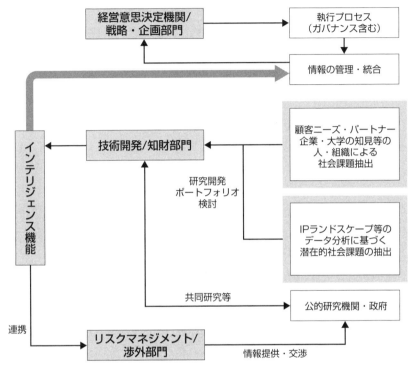

出所：KPMG FAS作成

　こうして構築または更新されたシナリオは適時、経営意思決定機関に提供され、結果として決定された方向性は子会社を含めた関係各所に伝達されます。前述のデータアナリティクスを活用したメガトレンド分析などの結果は技術開発部門が実施を行いインテリジェンス機能に更新をかけます。リスクマネジメント部門は業界標準化への働きかけやIRなどを通じて適宜情報の統制を行います。部署の名称や役割に多少のちがいはありますが、変化への対応が上手な企業はこの4つ巴の組織体制を構築しています。

ビジネスモデルを転換するとき

今後のモノづくりに欠かせない心構え

■見えない顧客価値の定量化とサブスク

　ESG経営のもと、ビジネスモデルは変化していきます。特に、CO2排出やサーキュラーエコノミーの文脈から、製造業では「モノを売らない」ビジネスモデルへの移行議論がはじまっています。使用時にCO2を大量に排出するような製品を売り切る（製造物製造責任〈PL〉以外を放棄する）という発想でよいのか、あるいは資源の回収を他の業者に任せきりにしてよいのか、という課題認識に端を発しています。

　こうした課題を解決する1つの手法として、**サブスクリプション（サブスク）モデル**が多くの業態で取り入れられはじめています。しかし、一部を除きうまくいっていないというのが実状です。

　うまくいっていない理由の1つは、供給側が「儲かっていない」からです。儲からない理由はいくつかありますが、今後のビジネスモデルの転換を考慮すると注目すべき問題に価格設定があります。

　値付けのメカニズムにはさまざまな手法が存在します。コストプラスと呼ばれるコストの積上げに利益をプラスさせる方法（あるいは市場の競争環境などから決めた売値と利益幅のなかにコストを収める方法）が主流です。

　この場合、製品やサービスに係る価格は、1つの製品やサービスのコストに見合った積上方式で算出され、製品やサービスがパッケージ化されて1つの価値を提供していたとしても、基本的な値付けはコストの積上げで行われるケースがほとんどです。

　ここで、消費者が抱える望み、——たとえば「1年を通じて室温27℃、湿度50％の快適な空間で生活したい」というニーズ——に対する現在の解

図表3-3-1　サブスクモデルの類型

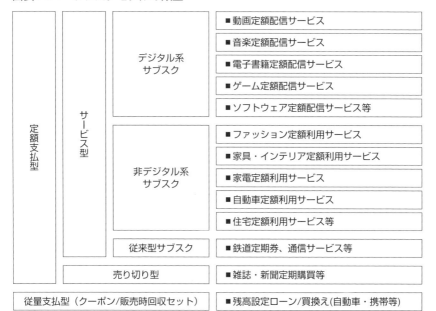

定額支払型	サービス型	デジタル系サブスク	■ 動画定額配信サービス
			■ 音楽定額配信サービス
			■ 電子書籍定額配信サービス
			■ ゲーム定額配信サービス
			■ ソフトウェア定額配信サービス等
		非デジタル系サブスク	■ ファッション定額利用サービス
			■ 家具・インテリア定額利用サービス
			■ 家電定額利用サービス
			■ 自動車定額利用サービス
			■ 住宅定額利用サービス等
		従来型サブスク	■ 鉄道定期券、通信サービス等
	売り切り型		■ 雑誌・新聞定期購買等
従量支払型（クーポン/販売時回収セット）			■ 残高設定ローン/買換え（自動車・携帯等）

出所：KPMG FAS作成

図表3-3-2　非デジタル系サブスクモデルの広がり

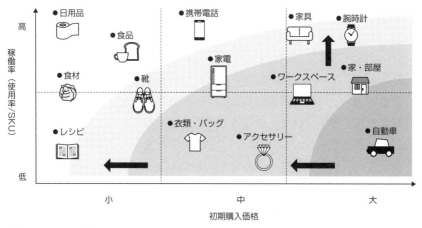

出所：KPMG FAS作成

決手段をみてみると、さまざまな冷暖房機器を駆使して季節ごとに操作していることがわかります。仮に、これらをトータルソリューションとしてワンストップで提供する企業があったとき、コストを集積したコストアップ型の値付けでよいのか、が論点となります。

図表3-3-3 見えない価値の定量化

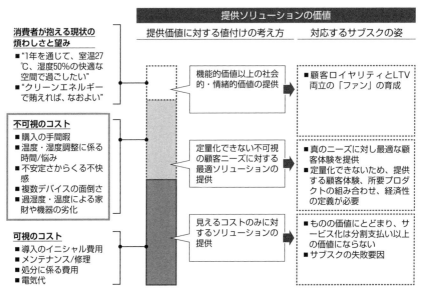

出所：KPMG FAS作成

　定量化できない不可視の顧客ニーズに対する提供価値をしっかりとコストに織り込み、同時に機能的価値以上の社会的・情緒的ともいうべき価値に対する適正な値付けを行うこと、その前提としてこうした価値に対する理解を醸成していくことが今後のサブスクモデル成功の要諦となるでしょう。

　単なるローンの延長線上に設定されるようなサブスクは、供給者の収益性を圧迫、不安定化させ、また本来的な顧客価値に見合った収益モデルとはかけ離れているため、持続的なビジネスモデルとはなり得ないとの懸念が持たれています。

■儲けのメカニズムの設定（≒ビジネスモデルの定義）

　提供価値をビジネスモデルとして昇華させるためには、需要者視点での製品・サービスの「構成要素」の定義と、供給者としての「座組（仲間づくり）」の視点が必要です。両者の視点でビジネスモデル（PaaS"Platform as a Service"型）を定義したものが下図となります。

図表3-3-4　PaaS型のビジネスモデルの視点と論点解説

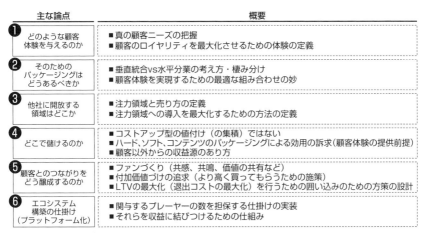

出所：KPMG FAS作成

主な論点	概要
❶ どのような顧客体験を与えるのか	■ 真の顧客ニーズの把握 ■ 顧客のロイヤリティを最大化させるための体験の定義
❷ そのためのパッケージングはどうあるべきか	■ 垂直統合vs水平分業の考え方・棲み分け ■ 顧客体験を実現するための最適な組み合わせの妙
❸ 他社に開放する領域はどこか	■ 注力領域と売り方の定義 ■ 注力領域への導入を最大化するための方法の定義
❹ どこで儲けるのか	■ コストアップ型の値付け（の集積）ではない ■ ハード、ソフト、コンテンツのパッケージングによる効用の訴求（顧客体験の提供前提） ■ 顧客以外からの収益源のあり方
❺ 顧客とのつながりをどう醸成するのか	■ ファンづくり（共感、共鳴、価値の共有など） ■ 付加価値づけの追求（より高く買ってもらうための施策） ■ LTVの最大化（退出コストの最大化）を行うための囲い込みのための方策の設計
❻ エコシステム構築の仕掛け（プラットフォーム化）	■ 関与するプレーヤーの数を担保する仕掛けの実装 ■ それらを収益に結びつけるための仕組み

出所：KPMG FAS作成

図表3-3-4のような視点でビジネスモデルを定義した場合、論点は大きく6つに分類され、各論点の潰し込みを行うことで、自社が採用すべきビジネスモデルを定義することが可能です。各論点の概要は以下のようなものとなります。

①顧客体験の定義
　ここでは真の顧客ニーズは何かといった問いを皮切りに顧客のロイヤリティを最大化させるための「体験の定義」を行います。まず、そのために必要な要素（図表の縦軸）を定義します。ここでは大きくコンテンツ、ソフトウェア、ハードウェア、インフラの４つの要素を挙げていますが、これらの要素の組合わせで提供できる顧客体験が決まります。実際の検討に際しては、１つひとつの要素をさらに細分化して検討することが必要です。

②パッケージングのあり方
　上記の要素を組み合わせることで製品やサービスのパッケージングを行います。自社の強みや実現したいことによって力点を変え、保有しない要素に関しては他社の協力を得るなどしてビジネスモデルに必要なパッケージングとその調達方法を検討します。この際、先の顧客体験で訴求すべきポイントと力点を同期させます。たとえば、ハードウェアに依存しない形で自社の差別化されたソフトウェアを更新し続ける、などです。

③他社への開放領域の設定
　ここでは製品やサービスの供給側の態勢を定義します。たとえば、ソフトウェアを売りたい企業が、売ったうえでサービス対象のコンテンツを他社にも開放し、ソフトウェアのシェアを増やしていこうとする考え方です。なお、近年ではコンテンツ自体を利用者が参加しながら創る（共創する）UGC「User Generate Contents」という手法によって、自社・他社だけではなく、利用者を巻き込んだうえでのコンテンツ作成が盛んとなっており、流行っているプラットフォームの特徴になっています。

④儲けの源泉の定義

　以上のようなビジネスモデルのなかのどこで収益を取るのかについて定義します。縦横両軸の組合わせによって収益の取り方はいくつも想定でき、赤字前提となる領域も存在します。重要なのは全体としての収益獲得モデルをどう設計するのかという点と、顧客に対する価値の訴求方法となります。顧客に対する値付けは単なるコストアップ型（個々の原価に対して××％の利益を乗せる）ではなく、たとえばCO_2削減への貢献などといった「見えない価値」を定量化するなどの手法が開発されつつあり、今後の値付けの新機軸となっていくことが想定されます。

⑤顧客とのつながりの仕組みづくり

　顧客との接点をどうつくり育成していくのかも大きな論点となります。顧客体験を通じてファンとなってもらうためには、顧客データの分析などを通じた共感、共鳴、価値の共有といった仕掛けづくりが重要であり、また退出させないための方策も必要です。よく言われるLTV（Life Time Value）の最大化を実現するためには、上記で定義した論点を複合的に、そして顧客の成長に合わせる形で、柔軟に（個別に）設定し、変化させていくことが求められます。

⑥エコシステムの構築とその仕掛け

　最後に、顧客だけではなく、関与するプレーヤー（供給・需要双方の座組）自体を維持していく仕組みも検討します。ビジネスモデルの提供にさまざまな関与者が存在する以上、個々のプレーヤーにとって「旨味」がないと継続は難しくなります。大きなエコスシステムを構築してそのなかでの個々の効用を最大化するためには、大きな労力が必要という認識が重要です。成功しているプラットフォームにはこうした仕組みが実装されているケースが多く、ビジネスモデル構築の要諦といえます。

　以上で概説した６つの論点は相互に関連するため、すべての問いに対す

図表3-3-5 Teslaのビジネスモデルの概況

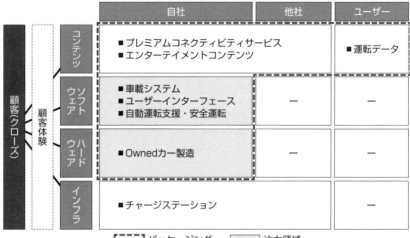

		自社	他社	ユーザー
顧客(クローズ)	顧客体験 / コンテンツ	■ プレミアムコネクティビティサービス ■ エンターテイメントコンテンツ		■ 運転データ
	ソフトウェア	■ 車載システム ■ ユーザーインターフェース ■ 自動運転支援・安全運転	ー	ー
	ハードウェア	■ Ownedカー製造	ー	ー
	インフラ	■ チャージステーション		ー

┌╌╌╌┐ パッケージング　　▢ 注力領域

出所：KPMG FAS作成

図表3-3-6 Teslaのビジネスモデルの主な特徴

領域		概要
提供価値	顧客価値	■ クラウドを通じて常に最新の「運転体験」を享受 ■ 先進的・イノベーティブでありたいとの体験を充足させる
	社会価値	■ イノベーションを推進 ■ ICE車（化石燃料の消費）からの脱却
	事業価値	■ (現時点) ハードの販売、(将来的) サブスクモデルへの簡易な移行 ■ 高い運転体験によってスイッチングコストを最大化
事業モデル	注力領域	■ 自動車（ハード）とソフトウェアは完全自社製品に注力 ■ コンテンツの一部は外部から提供を受けている（プラットフォーム化）
	差別化要素	■ ソフトウェアは常に最新のものを提供（"乗るたびに更新"） ■ ハードは自社一気通貫の垂直構造を維持することにより、継続して「こだわり」を追求可能
	収益構造	■ ハードは売切、ソフトウェアはサービス化（サブスク） ■ 現在最も売れているサービスは「安全運転パッケージ」であり、サービス収入は全体売上の7%を占める

出所：KPMG FAS作成

る明確な方向性の定義が必要です。このような観点でビジネスがうまくいっている企業は各産業において存在しているので、図表3-3-5、3-3-6に参考となるビジネスモデルを事例として挙げます。

■垂直統合と水平分業

　図表3-3-4 の論点⑥にもあるエコシステムの構築において、製造の座組も大きく変化してきています。代表的なものとして、Foxconnに代表されるスマホOEMによって確立した「リファレンスデザイン」という手法が、モノづくりの極致ともいえる自動車業界にまで及びはじめているケースが挙げられます。ソニーがホンダとの連携を発表する動きなどは、需要に対する理解と感度を持っている企業がブランドオーナーとなってデザインや顧客体験を担い、OEMが製造を担うという、得意不得意で役割分担を明確にした動きです。

図表3-3-7　垂直統合と水平分業

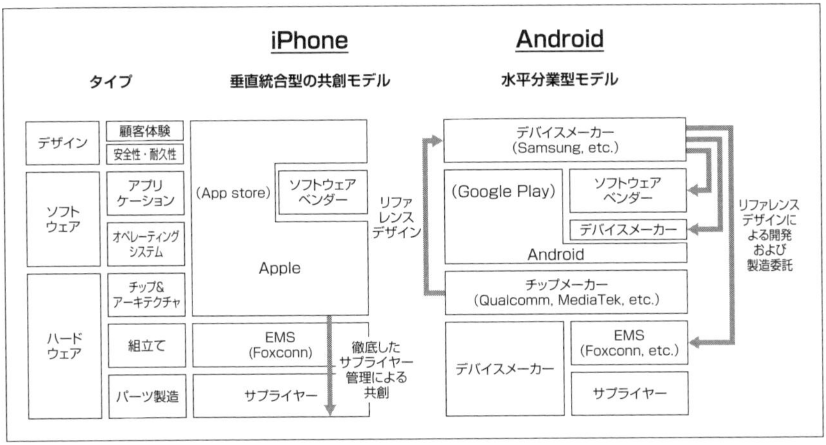

出所：KPMG FAS作成

　垂直統合型から水平分業型のモノづくりへの転換という流れは、データ分析による需要の把握、顧客体験への理解、そして規模を効かせた製造へ

の特化といった、構造変化を基本的な考えとしたものです。この流れを理解したうえで「仲間づくり」という言葉の重要性を再認識するとよいでしょう。以上の前提で、今後のモノづくりの基本的な心構えを整理すると次のようになります。

ⅰ．データ分析によりニーズは「見える化」され、ある塊となって一定の需要を生む（潜在需要の発見）

ⅱ．ⅰの需要を切り出し、それに適合した商品、サービス、ソリューションを考える

ⅲ．ⅱのソリューションに見合った製造を行う（それを実現させる機動性のあるサプライチェーン構築を行う）

ⅳ．値付けは需要価格設定で行う

　おそらく、今後はこの順番で発想しないと儲からない世界がやってくるでしょう。また、この需要の塊は、これまでのセグメンテーションとはまったく異なる概念となり、マーケティングの理論も刷新が必要となるはずです。

　「モノ売り」から「コト売り」に変わったとしても、上記の仕組みを活用しないビジネスは存続が難しくなる可能性があります。仮に、これまでのようなビジネスが継続的に存在しえても、これまでと同じようには売れなくなります。

　この考え方は、今後のモノづくりにとって非常に重要なものとなります。さらには、ビジネスを行ううえでは、近視眼的で直接的な儲けの仕組みだけではなく、データが取得され活用された先を見越して、社会そのもののあり方がどのように変化していくのかを想像することが必要となります。

3-4

イノベーションを創出するために

ESG経営に欠かせないエコシステムの視点

■5種類のイノベーション

　ESG視点で経営戦略を転換するにあたっては、検討すべき重要な要素の1つとして**イノベーションの創出**が挙げられます。シュンペーターによるイノベーションには5つのタイプがあります。

　イノベーションというと破壊的イノベーション、かつ、プロダクト・イノベーションばかりに目が向きがちですが、実際には図表3-4-1のようなさまざまな角度のイノベーションが存在します。

　そして、ESG経営の推進を考えるなかでは、濃淡の差こそあれ、5つの領域すべてにおいてイノベーティブな取組みが必要となってきます。経

図表3-4-1　イノベーションの5分類

名称	概要	説明
新製品開発 (i. プロダクト・イノベーション)	市場になかった革新的な商品やサービスをつくること	➤iPhoneやかつてのウォークマンのように、これまで存在していなかった商品・サービスによって新しい市場や価値観そのものを開拓・創造するようなケースを指す
新生産方法の導入 (ii. プロセス・イノベーション)	新しい生産プロセスを生み出すこと	➤業務改善、カイゼンなどで最もなじみ深く理解しやすいイノベーション。生産効率やコストダウンに資することが多く、自動車メーカーによる「かんばん方式」などが有名
新マーケットの開拓 (iii. マーケット・イノベーション)	新規市場に参入し、販売先や消費者を開拓すること	➤新しい市場に参入したり、マーケティング手法や販促の方法を見直すことで、販売先や消費者を開拓していくことを指す。また異業種の会社がピボットなどで新しい市場へ参入するなどを指すこともある（カメラフィルムメーカーが化粧品市場に参入したケースなど）
新しい供給源の獲得 (iv. サプライチェーン・イノベーション)	仕入れ先や消費者への配送方法などを最適化すること	➤仕入、製造、輸送、販売など、供給に関するサプライチェーン上のあらゆるプロセスにおけるイノベーションを指し、大幅なコストダウンや新しい価値を生み出す
組織の改革 (v. 組織イノベーション)	各種イノベーションを発信しやすい環境や仕組みづくりをすること	➤上記4つのイノベーションを起こすための基盤としての組織におけるイノベーションを指す

出所：KPMG FAS作成

営戦略が変更される以上、先述した「9 Levers of Value」のコンセプト
をみてもわかるとおり、プロセスや組織なども戦略に対して調整される形
で変更する必要があるからです。

　それぞれのイノベーションのイメージについて、事例を元に示します。

ⅰ．**プロダクト・イノベーション**

　　いわゆる破壊的イノベーションとなることが多く、多くはこれまでの
　　製品やサービスあるいは価値観を変容させることになります。

ⅱ．**プロセス・イノベーション**

　　プロダクト・イノベーションに続く形で市場が黎明期をすぎ成長した
　　段階で発生し、多くの日本企業がこれまで得意としてきた領域といえ
　　ます。

ⅲ．**マーケット・イノベーション**

　　既存事業が持っている技術や製品・サービスを新しい市場に適応させ
　　るべく、M&Aなどを伴うことが多いのが特徴です。

ⅳ．**サプライチェーン・イノベーション**

　　ECのプラットフォーマーが自社で物流設備を持ち、顧客への迅速な
　　デリバリーを実現した例などが有名です。近年では、増加する返品に
　　対応する静脈物流での取組みや、輸配送の共同物流や効率化の向上な
　　どの取組みが盛んです。

ⅴ．**組織イノベーション**

　　イノベーションが生まれやすい環境を整えるために、仕組み・制度・
　　評価指標などを変更したり、社員へのインセンティブを支給するなど、
　　さまざまな取組みがあります。

■自社にとっての強み

　さて、個々の会社が持つ強みとはなんでしょう。強みの分析にはいろい
ろな手法がありますが、競争優位性という観点から自社の強みを把握する
1つの考え方を示したものが次ページの図です。

図表3-4-2　強みの分析

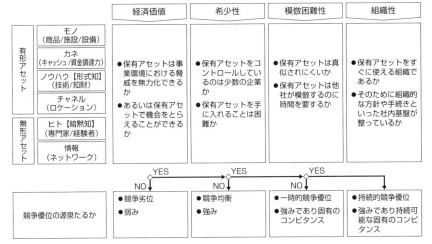

出所：KPMG FAS作成

　強みは、経済価値、希少性、模倣困難性、そして組織性という観点でフィルターを通し評価していきます。このフィルターをいくつクリアできるかで、競争優位性を判断できます。

　イノベーションは一度起こせば終わりというものではありません。企業にとってイノベーションが収益性、成長性、持続性の源泉だとすれば、その創出を定常化させることが重要です。そして、イノベーションを断続的に創出できているような企業には、上記の強みの分析と同様に、組織（カルチャー）的ともいえる有形と無形の複合的な資産があることが多いのです。これは、ESG経営にあたって、いわゆる「ヒト」「組織」が重視されていることからも読み取れます。

　もちろん、強みとはあくまで相対的なものであり、またマーケットや競合は常に変化しているため、自社の強み自体も常に変化する点は心得るべきです。したがって、こちらも一度分析して終わりという類のものではないのですが、こうした点に関する「感度の高さ」も同時に持っていることこそが、持続的で組織的なイノベーション創出の基盤となっているのです。

■オープンイノベーション

　ESG経営では、技術ありきではなく、社会課題の解決や提供価値を基軸とした新規ビジネスの創出といった切り口が必要となります。これまでの連携とは異なり、業種の枠を越えて連携することで、新しい価値を協働で創出していく、そのような動きの全体像を「**エコシステム**」と表現しています。

　たとえば自動車は、人が遠くへ楽に移動できるという提供価値を実現するために生まれた機械ですが、その後の過程で進化を遂げ、いまでは快適性や安全性といった価値を世の中の移動者に提供しています。あるいは、家族との団らん、恋人たちの空間、はたまた個人が他人に迷惑をかけることなく音楽を楽しんだり思考を深めるための空間など、提供価値の内容は利用者にとってさまざまです。

　このような価値をもっと上位概念、あるいは別アングルで統合させて提供しようとした場合、既存プレーヤー（サプライヤー）の保有技術だけでは実現できない状況が発生します。

　たとえば、「酔わない車室空間」を実現するにあたっては多くの企業が連携する必要があります。これらの技術要素を提供するプレーヤー別にみてみると、OEMや既存のサプライヤーはもちろんのこと、新興モビリティ企業や、ICT企業などの新規プレーヤーの参画や連携が必須となります。

　こうした企業群が1つの価値提供に向けて参集しエコシステムとも呼べる企業連合体をつくっていく、このような価値提供ドリブンでの企業提携・バリューチェーン構築は、ESG経営が目指すべき社会価値を創出するうえで今後不可欠・不可避の動きとなるでしょう。そして、こうしたエコシステムへの参加は、企業の中期長期なESG経営戦略にとってもきわめて重要な考え方となっていくことと思います。

イノベーション創出のポイント

情報・資金・人（あるいは組織）が整っている必要がある

■必要な３つの要素

　イノベーションを起こす企業には①情報、②資金（スポンサー）、③人（あるいは組織）の３つが必要です。

図表3-5-1　イノベーションに必要な３つの要素

情報 × 2	■ 何かを追求するなかで得られる情報 「アブソープティブ・キャパシティ」。自ら夢中でやっていることでないと、何か有効・有益なものを見ても理解できない、とする理論。"おたく"にならないといけない ■ 周辺に漂う情報（一歩、離れることで得られる情報） 周囲の情報に気づく力。優秀で生真面目な人ほど周辺に起きていることに気がつかない。とらわれすぎることで動きがなくなってはならない。全体をやわらかく見る必要。異質の情報
＋	
資金 （スポンサー）	■ いわゆるリスクマネー。不確実性が伴うため資金は必然的にリスクマネーとなる ■ 問題は誰が責任を取るのか。組織が持つKPIに依存する。制度がない場合は強力なスポンサーが必要
＋	
人（組織）	■ イノベーション人材 ■ 組織として意図的に育成が可能なのか。一方でイノベーションを起こす会社、イノベーティブな人材を輩出する会社が確かに存在する

出所：KPMG FAS作成

①情報

　２つの概念があり、１つは、「常に自分が行動を起こしているなかで得ることができる情報」です。良質のイノベーションは「セレンディピティ」からしか生まれないといわれています（セレンディピティは「探しているなかで、ちがうものを見つけること」を意味します）。つまり、何も追求

107

していない者には情報を得ることはできないという考え方です。このように、自らやっていることでないと何か有効なものを見ても理解できないとする理論を「アブソープティブ・キャパシティ」といいます。これをそのまま解釈すれば、何かを追求していなければ有効な情報を取得できないし、当然、真似もできない、ということになります。

　もう1つは、「周辺の情報」です。情報と情報を紐づける力といってもよいかもしれません。全体をやわらかく見ることが情報をキャッチするための方策であると言い換えてもよいでしょう。ある特定のコミュニティのなかでの常識は他のコミュニティーの非常識、ということがよくあります。そのネットワーク（コミュニティー）の外部への触手の伸ばし方が肝となると心得るべきでしょう。

②資金（スポンサー）
　イノベーションには不確実性がついて回るため、資金は必然的にリスクマネーとなります。ここで問題となるのは、誰がその責任を負うのかということです。さらに言えば、失敗したときの責任をどう考えるのか？　どう設定するのか？　という問題です。これは組織が持つKPIに依存します。追求すると、評価制度をどう設計するのかという組織論にもつながっていきます。

③人（組織）
　イノベーション人材を輩出し続ける組織は確かに存在します。意図的にこれらの人材を育成できるものなのかは非常に興味深いテーマですが、組織・制度的に達成するポイントは確かにあり、類型化が可能です。

■イノベーションを生みやすい組織
　ESG意識の高まりなどの環境変化に適応、常に時代を先読みしながら、新しいチャレンジに対してオープンであり、イノベーティブな人材を引き寄せてやまない組織とは、どのような特徴を持っているのか、こうした疑

問に対する答えは1つではありません。しかし、イノベーションを起こす企業は、時代の要請に応えて組織を柔軟に変化させているのは確かです。そこで、変化に強い組織づくりとはどのようなものか、という観点で組織のハードからソフト面にわたっての特徴を下図にまとめました。

図表3-5-2　変化に強い組織の要件

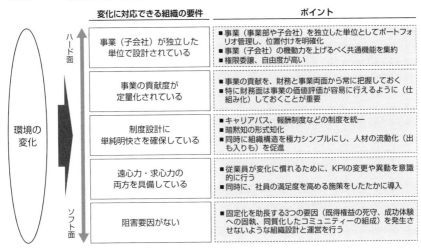

出所：KPMG FAS作成

　KPIに関していうと、荒野に鍬をもって立ちレールを敷こうとする人材と、敷かれたレールの上を規則正しくミスなく走る人材は異なります。言い換えれば、新規事業をつくる人材と、既存事業を維持・発展させる人材はちがうということです。大事なことは、この両者を同じ制度や基準の下で評価してはならない、ということです。

　ESG経営の推進にあたっては、トップダウンで意識変革を組織全体に浸透させていくことはもちろんですが、実行を支えるためには、こうしたちがいに対する深い理解を元に、組織を設定し、イノベーション人材が活躍できる「場」をつくってあげることが、日本企業への処方箋になるはずです。

3-6

イノベーションを阻害するもの

既得権益、成功体験、同質化に要注意

■大企業病になっていないか

よく言われる"大企業病"を判断するキーワードには次のようなものがあります。

図表3-6-1　イノベーションの阻害要因

```
┌─────────────────────────────────────────────┐
│  大企業病のキーワード                         │
│                                               │
│ ■部門間の垣根が高い（→自分の部門のことしか考えない）│
│ ■完全主義と前例主義（→リスクテイクしない、できない、するインセンティブがない）│
│ ■管理階層がやけに分厚い                       │
│ ■書類に多数のハンコが要る                     │
│ ■やたらに秘密主義                             │
│ ■会議での発言者がいつも特定の人物             │
│ ■自前主義                                     │
└─────────────────────────────────────────────┘
```

出所：KPMG FAS作成

一言でいうと、個々人を思考停止させるインフラが整備されている状態を"大企業病"というのです。大企業病にかかっている企業では、イノベーションの引き受け手がいなくなります。役員や従業員にとって、リスクを取ることのインセンティブがない企業で、行動する人間は現れず、また育ちません。また、標準から逸れたもの、ブレやリスクを含む提案には反対する人ばかりが増えていく状況は、典型的な大企業病といえます。逆に、

大きく成功した人と同じくらい大きく失敗した人を評価すると謳う企業が存在します。中途半端な成功や失敗を評価しないという文化です。明文化されてはいないものの、DNAとして広く染みわたっており、実際に多くのイノベーションを創出します。

　イノベーティブな企業を診断する際に有効とされる1つの視点として「会議の様子」があります。出席メンバーのうち何%が発言して、どの程度の話者交替が発生しているのかは、その会社の生産性と大いなる相関があるとされています。たとえば、マテリアリティの設定にあたって、マネジメント層のワークショップを経て決定することが多いですが、社外のステークホルダーのみでなく、社内従業員へのヒアリング結果を反映することも、このような問題を回避するための手段として有効かもしれません。

■3つのイノベーションの阻害要因

①既得権益

　既得権益を持つ人は、自分の利権を脅かすことに対して否定的・批判的となります。会社によっては、新規性のあるものに対してリスクを取りたくないが故に、外部から招いた人材（や傍流）で賄おうとします。とりあえず人材を採用（異動）しておけばよいという発想も多く、場合によっては組織の箱をつくっただけで実行したつもりになる、という文化を持つケースもあります。多くの場合、既得権益のある部署・人物は利益貢献していることから社内的な力を持っているため、発言力や影響力も大きく、イノベーションにとっては大きな阻害要因となってしまうのです。

　既存事業で稼いでいる人（特にマネジメントレベル）が、まだ収益化できていない新規事業の部署を快く思わないことなどが典型的な例ですが、こうした不満の裏には、事業ポートフォリオの本質に対する不理解と、お金を稼いでいる部署・人が偉いという価値観が根底の発想・思想として流れているのです。

　新規事業に限らず、フロント業務とバックオフィス業務との役割分担、プロフィットセンターとコストセンターのKPIのちがい、CSR活動やプ

ロボノなどの活動の意味合いなど、ミッションやビジョンを成し遂げる「企業としての総体」に関する感度を持ち合わせていることが、特に今後のESG経営では問われてくるはずで、マネジメントとして要求される資質は変化していくはずです。

②成功体験

成功を支えた組織とそれを構成したメンバーがやがて組織のマネジメントを行い、経営の舵取りをすること自体は否定できるものではないでしょう。しかし、そうした成功体験を持った人材は環境の変化に対して動きが取れない（あるいは気づかない）ことで、往々にして経営自体を陳腐化させてしまいます。昔のやり方・手法にとらわれ、"ゆでガエル状態"となる可能性もあり、注意が必要です。

過去に回帰する商品・サービスなどを連発する傾向などは要注意といわれますが、成功経験のある企業（経営者）ほど、苦境に陥ると抜け出せなくなる傾向があります。

ダイバーシティという概念をあらゆる階層のなかで取り入れることで上記の問題を解決できる可能性はありますが、成功を所詮過去のものと割り切って、その手法や発想自体の悪いところ（時代に合わないところ）だけを捨て去ることは相応の難しさがあります。現在の考え方や施策を常に客観的に評価するための「仕組み」自体を組織に組み込む、といった対策が有効です。その仕組みの1つとして、マネジメントには失敗を経験してきた人材を当てる、あるいは苦労の多いキャリアパスを用意する、などの対策をしている企業が存在することも興味深い点です。

③同質化したコミュニティー

思考停止を招く同調圧力が生まれ、排他的になると危険信号です。異質を許容できず、同じような性質を持った陣容ばかりで構成される組織となり、いきすぎると閉塞感を生みます。「暗黙知」などという言葉が正当化されている場合も要注意です。そうした企業では、他社動向、ランキング

情報、口コミなどの情報に頼るので、ますます選択は同質化していくことになります。また、選択そのものを先送りしがちです。

こうした傾向がある場合、意図的に組織を壊すことも必要です。M&Aが得意な企業は、異質を許容し、シナジーを生むことに長けています。環境や成長が一義的で直線的である限りにおいて、同質化は非常に大きな力となりますが、変化を前提とした場合、足かせになっている可能性があることに留意が必要でしょう。

なお、かつてのシックスシグマ、EVA経営がイノベーションを阻害したと唱える有識者がいます。すなわち「組織全体を縛るKPI」がイノベーションの阻害要因となっていたのではないかとする説です。組織が成長を遂げるためには、ある程度のバッファー（自由度をもって動ける部隊や人員）が必要ともいわれるため、事業ポートフォリオの持ち方や評価の仕方など、組織全体を1つのKPIで方向付けしている企業は、イノベーションを阻害する要因になっていないかどうかを検証してみることをお勧めします。

3-7

ESG経営に向けた組織変革

継続的な変革をするために必要な変革PMO

■組織変革における典型的な課題と打ち手

組織変革を進めるうえでの典型的な課題をまとめたものが下表です。「ソフト要因」についての取組みがない、または乏しいことで、経営層、管理

図表3-7-1　組織変革における典型的な課題

	構 想	計 画	実 行
経営層	■組織の現状、将来に対する危機意識が低い ■ビジョン策定におけるノウハウがなく作成に難航する	■現場とのコミュニケーションが不足しており、実態と合わない計画を策定してしまう	■プロジェクト進行状況を把握できておらず、現場任せになる
管理者層	■現状を是とし、変革に非協力的、批判的 ■経営層の意見に追従し、積極的な意見が出ない	■下層意見を吸い上げ、上層へ進言することができていない ■セクショナリズムが強く、部門間における整合性が取れない	■リーダーシップ、マネジメント力の欠如。各階層、部門間でのコミュニケーションが不足している ■既存業務が多く、十分な体力、時間が確保できない
一般層	■興味の対象が自身の周辺のみであり、組織変革に無関心	■現場の意見を上層に発言する機会が非常に限定的	■自主性、責任感が乏しい ■既存業務が多く、十分な体力、時間を確保できない
全般	■関係者の危機意識を高められていない ■関係者が非協力的で、チーム組成ができない	■策定したビジョン・戦略を関係者に周知できていない ■関係者から合意を得られない	■プロジェクトの進行につれ、従業員の参画意識が低下する

出所：KPMG FAS作成

114

者層、一般層といった組織におけるすべての階層（レイヤー）において変革が阻害されます。この「ソフト要因」とは、組織文化、リーダーシップ、モチベーション、ノウハウなどで、ある程度の期間一貫して働きかけることや間接的なアプローチによりつくられるものです。ESG経営の考え方を企業全体に浸透させるためには、従業員1人ひとりが自分のこととしてとらえ、行動につなげていくことが求められますので、ソフト要因についても当初から取り組むことが必要となります。

　次に、組織変革における典型的な課題に対する打ち手を紹介します。
　ESG経営の具現化に向けた変革施策においても、組織の各階層（レイ

図表3-7-2　組織変革における典型的な課題に対する打ち手

	構　想	計　画	実　行
経営層	変革体制確立		モニタリング
管理者層	課題解決方針の共有	変革ロードマップの共有	変革PMO
一般層			コミュニケーションイベント管理
全般	チェンジマネジメント計画管理		

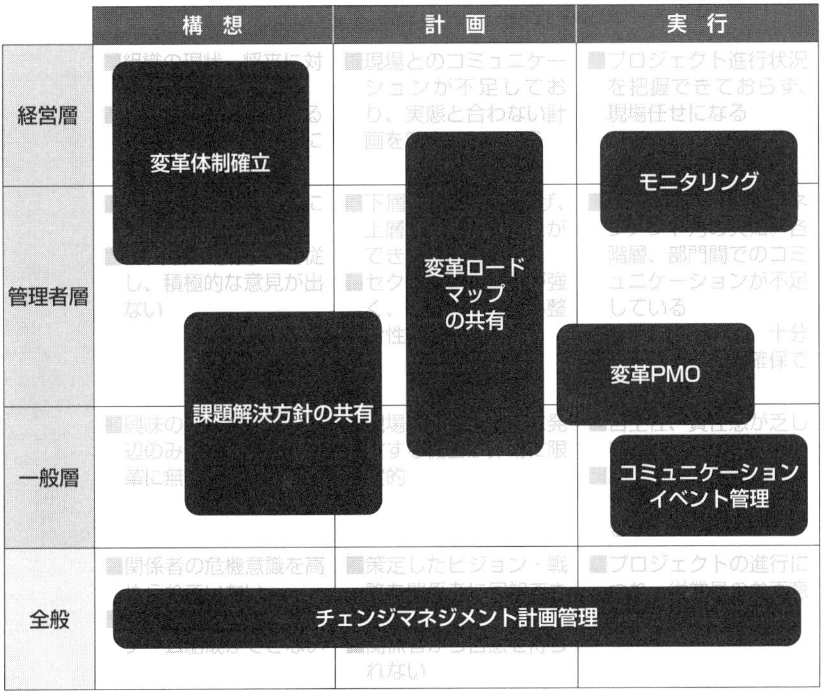

出所：KPMG FAS作成

115

ヤー）、変革の各工程（フェーズ）における阻害要因を理解し、対処していくことが必要です。

　本項では、打ち手の1つとして、変革を総合的に推進するための仕組みとして重要な変革プロジェクトマネジメントオフィス（**変革PMO**）を解説します。

　変革プロジェクトマネジメントは、戦略を実行するために構成された複数のプロジェクトを体系的にマネジメントするものです。これによって、戦略と施策の整合性を維持しながら、取組みを具現化していくことができます。このマネジメントを実行するための機能またはチーム組織が変革PMOです。

　変革PMOの機能は、可視化や意思決定に必要な機能を提供するもので、全体を統括するプロジェクト責任者を支援する位置付けになります。各プロジェクトからの報告内容をとりまとめるだけではなく、複数プロジェクトを横断的にモニターし、リスクの予兆をいち早くとらえ、その対応策を立てることが重要です。

　そのため、依頼・確認に対する回答・報告を行うだけではなく、各プロ

図表3-7-3　変革PMOの機能イメージ

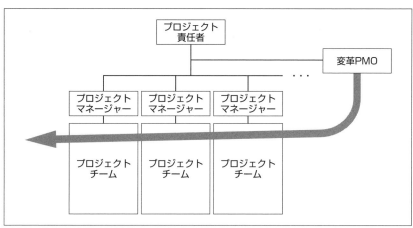

出所：KPMG FAS作成

116

ジェクトチームの実態を反映したコミュニケーションを行うことができる関係を構築することが効果的です。

■ESG経営に求められる継続的な変革

ESG経営においては、長い時間軸のなかで試行錯誤していくことが求められます。たとえば、長期的なビジョンに基づいた、①労働環境の改善、②ダイバーシティの推進、③コーポレートガバナンスの徹底などが、組織変革プロジェクトのテーマとして挙げられます。

①労働環境の改善にあたっては、より働きやすくするために柔軟な休暇制度や福利厚生の導入に向けた社内プロセスの簡素化・可視化を進めるとともに、より働きがいを持てるようにするために公正な人事評価や積極的

図表3-7-4　ESG経営における主な論点と企業変革の施策(ヒト・組織に関する事項を中心に)

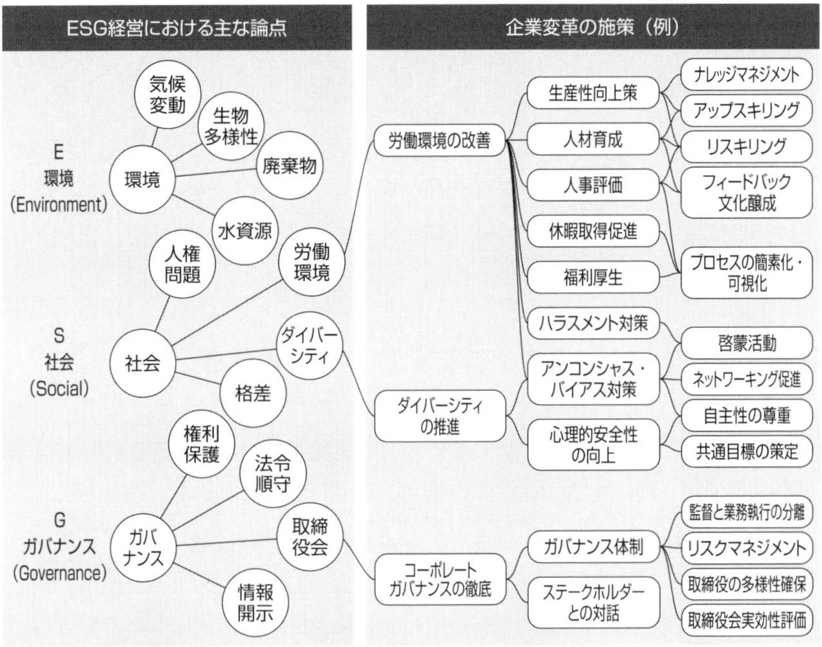

出所：責任投資原則（PRI）を参考に、KPMG FASにて作成

な人材育成、生産性向上などに向けたアップスキリング、リスキリング、ナレッジマネジメントを実践していくことが注目されています。

②ダイバーシティの推進にあたっては、アンコンシャス・バイアス（無意識の思い込み、偏見）対策や心理的な安全性の確保に向け、社内の相互理解を深めるネットワーキングや自主性の尊重などを促すプログラムが効果的とされています。

③コーポレートガバナンスの徹底では、所有と経営の分離が指摘されて久しいですが、取締役会の多様性や実効性にも注目が集まっています。加えて、経営におけるマテリアリティについて、社内外のステークホルダーへの情報開示やステークホルダーとの対話が重要視されています。

いずれの取組みにおいても関係者を巻き込んで計画・実行を進め、その後の定着・浸透につなげていくことが必要です。そのため、継続的な変革が欠かせません。

ESG経営を具現化していくための取組みにおいては、経営戦略に基づき推進組織や評価制度、開示に向けた実績データを収集・管理するためのプロセスやITなどの仕組みを整備し運用するなか、現場がその必要性を理解し、通常業務で実践し、定着させることが必要です。ビジネス環境がめまぐるしく変化し、不確実性が高い時代であることから、戦略の立案サイクルが短期化しており、戦略に基づく施策等を迅速に実行し、変化に挑み続けることが求められています。

■ESG経営を推進するサステナビリティ委員会

ESG経営に向けた組織変革を、継続的に実行していくためのさまざまなプロジェクトを推進・統括するために、組織内部に**サステナビリティ委員会**を設置するケースが増えています。

サステナビリティ委員会とは、企業と社内の持続可能性の両立を目指す取組みを強化・加速させるための組織です。サステナビリティ委員会が、取締役会や経営会議と連携することにより、全社レベルの変革の推進役になることが重要です。最近では、取締役会を構成する指名、報酬、監査の

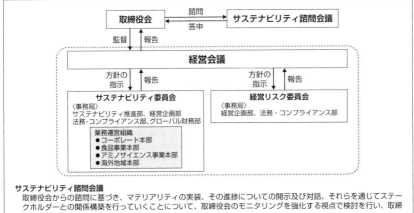

図表3-7-5　サステナビリティ推進体制の事例（味の素株式会社の例）

出所：味の素株式会社　有価証券報告書（2022年4月〜2023年3月）より

　3委員会と並ぶ位置付けでサステナビリティ委員会を第4の委員会として、経営の中核にESGを据え、SX（サステナビリティ・トランスフォーメーション）を推進する傾向がみられるようになりました。

第 **4** 章

経営資源の
再配分

4-1

ESG視点を踏まえた
事業ポートフォリオの最適化

ポートフォリオ管理にどのようにESG視点を織り込んでいくか

　事業ポートフォリオ管理という言葉自体は新しいものではありませんが、日本企業全体を見渡すと、それが経営に組み込まれてうまく機能しているとは言い切れず、発展途上にあると考えられます。また、企業のESGへの取組みに対する投資家の関心の高まりを受けて、事業ポートフォリオ管理にもESGの観点を加味していくことが必要となってきています。

■事業ポートフォリオ組換えの必要性

　これまでも、限られた経営資源を有効活用し、効率的に企業価値を高めるために、企業は「選択と集中」を求められてきました。今日のようにグローバル化やデジタル化など、かつてないスピードで経営環境が変化するなかで持続的な成長を実現していくためには、これまで以上に俯瞰的かつ迅速に経営資源を集中すべき事業を見極めることが求められます。また、変化に対応するという観点では、単に既存事業のコア・ノンコアを見極めて選択していくだけではなく、新たな成長をもたらす新規分野への投資にも積極的に取り組んでいかなければなりません。TCFD提言が問う気候変動関連のリスクと機会の見極めも、まさにここに該当します。

　経営資源の有効活用と新たな成長分野の開拓を両輪で回していくために、**ESGの観点を含めた事業ポートフォリオ管理**は、もはや避けては通れない経営テーマとなっています。自社のコア事業を見極め、その成長性を高めるとともに、ノンコア事業を適時に売却し、そこから得られたキャッシュフローの一部を新たな成長分野への投資に向けるサイクルを構築し、回し続けることが求められています。

図表4-1-1 事業ポートフォリオ組換えの必要性

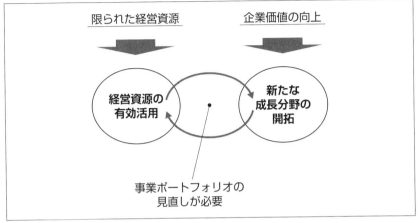

出所：KPMG FAS作成

　日本企業においても、事業ポートフォリオ組換えの必要性は認識されているものの、新たな事業を獲得するためのM&Aに比べて、自社が保有する事業を切り出すカーブアウトについては消極的な企業が多いといわれています[1]。その背景には、事業ポートフォリオを管理する仕組みが整備されていないことに加えて、経営者による事業規模の縮小への抵抗感や、売上規模重視の傾向が強いことが挙げられます。また、資本効率性追求の意識が薄いこと、企業価値向上と経営者の評価が直結しておらず、企業価値向上を目的とした事業再編への動機付けが弱いことなども指摘されています[2]。

　欧米企業においては、取締役会によるガバナンス、企業価値向上と紐づいた経営者のインセンティブ設計、資本市場からの規律付けが日本企業より進んでおり、事業ポートフォリオ組換えによる企業価値向上を志向しや

1　経済産業省「事業再編実務指針〜事業ポートフォリオと組織の変革に向けて〜」1.1.1参照

2　同1.1.3参照

すい環境が整っているといわれています[3]。気候変動問題を中心とするESGへの取組みをリードしているのも多くは欧州企業です。日本企業においても、経営資源の有効活用と企業価値向上を達成できるよう、カーブアウトも含めた事業ポートフォリオ組換えの仕組みを整備していくことが求められます。コーポレートガバナンス・コード（原則5-2、第5章を参照）においても、事業ポートフォリオに関する基本的な方針や見直しの状況について公表し、投資家と対話することが期待されています。

■ESGの観点からの追加的な要請

　昨今では、単に儲かるか儲からないかといった視点にとどまらず、ESGの観点も加味して事業ポートフォリオ管理を行うことが求められています。投資家は、ESGに対する企業の取組みを厳しく監視するようになり、情報開示を強く求めるようになってきています。このような投資家の期待を無視した経営を行えば、融資条件が不利になったり、投資対象から外されたりといったネガティブな影響が出てくることが考えられます。実際、ESGリスクの高い産業への投資の縮小または**撤退（ダイベストメント）**を表明している機関投資家も数多くあります。

　各国の政府もESGに関する規制を強化しており、特に環境負荷に対する規制はもとより、気候変動対策にみられるような企業による自主的、積極的な取組みを進めることは、すでに事業継続の生命線ともなりつつあります。また、事業自体は継続が可能であっても、政府の規制によりペナルティや税金などの追加的なコストが発生する事業を抱えていては、企業価値の毀損につながることがあるため、会社の持続的発展は難しくなります。これからの時代は、社会の持続的な発展と、企業の持続的な発展を両立させる観点での経営が求められるといえるでしょう。

　以下では、自動車業界、エネルギー業界、食品業界、服飾業界における具体的な影響を紹介します。

3　同1.1.3参照

　自動車業界においては、特に欧州を中心に、二酸化炭素の排出抑制、いわゆる「脱炭素」に対する社会の要請が強まっており、これに対応すべく、電気自動車や燃料電池車への方向転換が急速に進んでいます。実際、2023年3月に欧州連合（EU）は、2035年にゼロエミッション車以外の販売を原則として禁止することに合意しており、イギリスも2035年以降、ガソリン車・ディーゼル車の新車販売を禁止するとしています。このように自動車業界においては、ESGの流れにより、事業の方向転換が避けられない状況となっています。

　エネルギー業界は特に影響が大きく、化石燃料を売るというビジネスは縮小せざるを得ない状況となっています。エネルギーメジャーなどは、続々と事業構造の転換を宣言し、電力事業や再生可能エネルギー事業への投資を強化しており、時代の要請に対応した形で事業を見直し始めています。また、イギリスやフランスなど多くの欧州の国々は石炭火力発電所の廃止を決定しました。

　食品業界や服飾業界は、児童労働、低賃金労働、強制労働など、労働面での課題が大きく、サプライチェーン全体を通してフェアで人権にも配慮した事業運営を行うことが求められています。サプライチェーンの全体について1つひとつ確認していくことは大変な手間ですが、対応できていないと大きな問題が起こったときに信用を失うリスクがある点や、EUでは人権デューデリジェンスを義務化する指令案が提出されるなど法制化の動きがあることを強く意識する必要があります。また、一般消費者に身近な産業でもあることから廃棄物の扱いが注目され、サーキュラーエコノミーにサプライチェーン全体でどう貢献するかが問われるようになってきています。

　以上のように、企業は財務的な収益性・成長性の観点にとどまらず、ESGの観点も含めて事業を俯瞰的にとらえ、経営資源を集中する対象を見極めていくことが求められています。

4-2 ESG 視点での事業ポートフォリオ評価・管理のフレームワーク

事業ポートフォリオの評価軸とESGリスク

■事業ポートフォリオ管理のフレームワーク

　事業ポートフォリオ管理には決まった形はなく、目的に応じて適切な評価軸を選ぶことが必要となります。

　ESG経営においては「持続可能な成長」と「企業価値の向上」の両立が重要ですが、ここではそれぞれに関係する**成長性**と**資本収益性**の2軸で事業を俯瞰的に分析するアプローチを用いて説明します[4]。

図表4-2-1　事業ポートフォリオ管理のフレームワーク

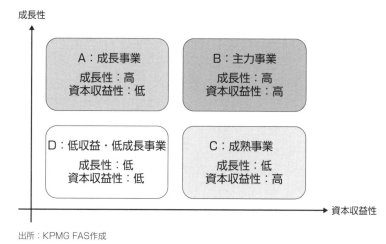

出所：KPMG FAS作成

4　経済産業省「事業再編実務指針〜事業ポートフォリオと組織の変革に向けて〜」2.2.4参照

　縦軸に成長性、横軸に資本収益性を取って、それぞれの高低の組合わせにより全体を４つの象限に分割したうえで、自社の事業をマッピングしていきます。これに事業のライフサイクルを当てはめて考えてみると、立ち上がり期の新規事業は、成長性が高いものの資本収益性は確保できていないことが多いためＡに、順調に立ち上がって自社の主力事業となった事業、は、成長性も高く資本収益性が確保された状態といえるためＢに、その後市場の成熟により成長率が落ちてきたものの依然として資本収益性を保っている事業はＣに、資本収益性も失ってしまった事業はＤに分類されます。なかには立ち上がりに失敗し、Ａから直接Ｄに行ってしまう事業も一定程度出てくると思われます。

　これを事業ポートフォリオ管理という観点で表現すると、キャッシュフローを生み出すＢとＣの事業の競争力を高めるとともに、Ｄに分類される（または分類されることが予測される）事業を適時に売却し、獲得したキャッシュの一部を使いＡの事業を成長させＢに持っていく形で、Ａ→Ｂ→Ｃ→Ｄ（売却）というサイクルを作り上げることを目指します。

　ただ、この２軸によるマッピングのみだと、ある時点のスナップショットは把握できるものの、事業の成長や衰退などの動きはとらえることができません。また、成長性や資本収益性といった「率」の概念のみだと、絶対値としての「額」を考慮することができません。そこで、成長性と資本収益性の２軸に、売上高、利益、投下資本などの「額」の概念と、これらの時系列変化を加えて考えてみます[5]。

　次ページの図表4-2-2をご参照ください。まずは、投下資本の金額を加えて事業をプロットしてみます。バブルの大きさの大小が投資金額の大小を表していると考えてください。

5　KPMG FAS／あずさ監査法人編『ROIC経営 実践編』（日経BP 日本経済新聞出版）の「第２章 事業ポートフォリオの評価方法」を参照

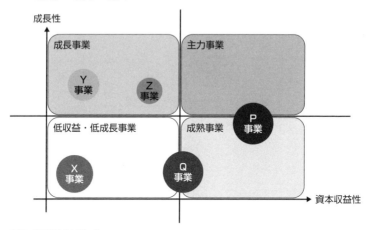

図表4-2-2 「額」の概念を加味したマッピング

出所：KPMG FAS作成

　図表4-2-2だけ見ると、当社にあるＹ事業とＺ事業という成長事業を主力
事業にするべく投資を継続していくべきと判断されるかもしれません。ま
た、Ｑ事業については、成長性は低いものの、まだ閾値以上の資本収益
性を確保しており、引き続き力を入れていくべきと解釈できるかもしれま
せん。

　さらに時系列変化も加えて考えてみましょう。過去数年間の成長性、資
本収益性、投資金額をプロットして、その推移を矢印で表したのが図表4-2-3
です。

➤Ｙ事業：これまで投資を拡大してきたものの、成長性と資本収益性はと
　もに悪化の一途をたどってきています。

➤Ｚ事業：Ｙ事業と比べて規模は小さいながらも着実に成長性と資本収益
　性が向上してきており、将来の主力事業になり得るポテンシャルを有し
　ていることがうかがえます。

➤Ｑ事業：成長性も資本収益性も下落を続けており、このままいけば低収
　益・低成長事業として、事業再建か撤退かの判断を迫られることになり
　そうです。

図表4-2-3 「額」の概念と時系列変化を加味したマッピング

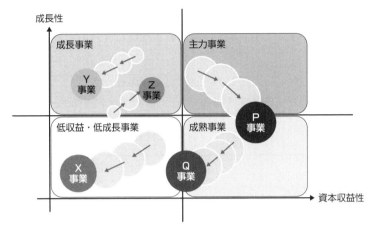

出所：KPMG FAS作成

➤X事業：長年にわたって低収益・低成長を続けて投資金額も大きくなっているので、早急に事業売却を行い、キャッシュを回収したうえで新しい成長事業に投資をすべきでないかという判断ができそうです。

このように、「額」の概念と時系列変化を加えることによって、事業の推移をダイナミックに把握でき、経営環境や自社事業の変化を踏まえたうえで経営資源の最適配分に関する意思決定も可能となります。

もう一点付け加えると、X事業のように長期間低迷を続ける事業を抱え続けることは、限られた経営資源を有効活用するという観点からは望ましくありません。本来であれば、もう少し早い段階で売却の検討がなされるべきであったと考えられます。このような判断の遅れを防ぐためにも、事業ポートフォリオ管理においては**事業撤退の基準**（たとえば営業赤字が○年以上継続など）を定め、強制的に検討の俎上に載せる仕組みが必要です。

■ESGの観点によるさらなる検討

昨今では、さらにESGの観点も織り込みながら事業ポートフォリオ管

理を実践していく必要があります。つまり、自社の事業がESGリスクを考慮したうえで持続可能性を有しているか、ESGの課題に貢献できる新たなビジネスチャンスがあるか、という追加的な検討を加える必要があります。

まず各事業のマテリアリティ（重要課題）を特定します（マテリアリティの特定については第2章を参照）。ESGリスクと機会についての検討も欠かせません。たとえば、ESGリスクは以下のように定義して、事業ごとにリスクを分類することが考えられます。

図表4-2-4　ESGリスクの分類（例）

ESGリスク	定義
高	中長期的にビジネスモデルの持続可能性を妨げる可能性が高い
中	中長期的にビジネスモデルの持続可能性を妨げるほどではないが、相応の追加コスト（投資）を要する
低	中長期的にビジネスモデルの持続可能性を脅かす可能性が低い

出所：KPMG FAS作成

ESGリスク「高」に分類された事業は、現時点の成長性や資本収益性が高かったとしても、将来的な事業継続が危ぶまれるものであるため、早急に事業の転換を検討する必要があります。すでに述べた、自動車業界におけるガソリン・ディーゼル車の製造販売や、エネルギー業界における化石燃料の生産販売がこれにあたります。

ESGリスク「中」に分類された事業は、事業の継続自体に懸念はないものの、ESGリスクに対応するための追加コストがかかると想定されるため、収益性の低下を加味して事業の評価を行う必要があります。たとえば、食品業界における労働問題がこれにあたり、サプライチェーン全体を点検して、賃金水準や取引条件を見直すことが必要となる可能性があります。

ESGリスク「低」に分類された事業は、現時点でESGリスクにより事業の継続が妨げられる可能性が低いため、ESGについての追加的な考慮は不要と考えられます。

4-3 ESG視点での 事業ポートフォリオの見直し

先進的な企業における事業ポートフォリオ管理事例

■オムロン株式会社の事例

オムロン株式会社は、創業以来、社会的課題を解決し、社会の発展に貢献することを目指した経営を実践してきました。2022年度からの長期ビジョン「Shaping the Future 2030（SF2030）」では、事業を通じて社会価値と経済価値の創出に取り組むことで企業価値を最大化することを目指して、5つのサステナビリティ重要課題を特定しています。

図表4-3-1　オムロン株式会社のサステナビリティ重要課題

サステナビリティ重要課題
① 事業を通じた社会的課題の解決
② ソーシャルニーズ創造力の最大化
③ 価値創造にチャレンジする多様な人財づくり
④ 脱炭素・環境負荷低減の実現
⑤ バリューチェーンにおける人権の尊重

出所：「オムロン統合レポート2022」よりKPMG FAS作成

同社は、2030年に向けて優先する社会の変化因子を「気候変動」「個人の経済格差の拡大」「高齢化」の3つに絞り、「カーボンニュートラルの実現」「デジタル化社会の実現」「健康寿命の延伸」の3つを解決する具体的な社会的課題を設定しています。

これら3つの社会的課題の解決に向けて、「インダストリアルオートメーション（制御機器事業）」「ヘルスケアソリューション（ヘルスケア事業）」「ソーシャルソリューション（社会システム事業）」「デバイス＆モジュー

ルソリューション（電子部品事業）」の４コア事業を通じて、社会価値を
創出するとしています。

　このような整理のなかで、従来から取り組む**ROIC経営**についても、社
会価値の概念が織り込まれ、社会価値から逆算して市場分析や競争環境の
分析を行い、注力事業を定めたうえで、事業単位でのポートフォリオマネ
ジメントを行うこととしています。同社の掲げるROIC経営は、「ROIC逆
ツリー展開」と「ポートフォリオマネジメント」から構成されています。

図表4-3-2　オムロン株式会社の「ROIC逆ツリー」

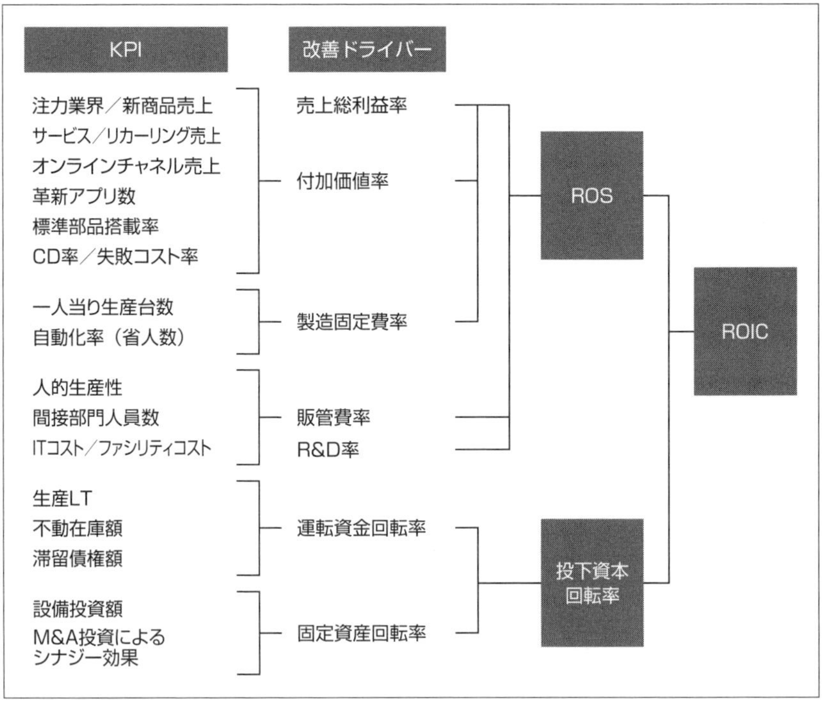

出所：「オムロン統合レポート2022」よりKPMG FAS作成

　ROIC逆ツリー展開とは、ROICを構成要素に分解する際に、失敗コス
ト率、自動化率、不動在庫額など現場レベルのKPIまで落とし込むことで、

現場社員の目標とROIC向上の取組みを結びつける仕組みです。現場レベルで具体的なイメージを持ちながら業務に取り組むことで、全社一丸となってROICの向上に取り組むことが可能となります。

ポートフォリオマネジメントにおいては、個々の事業ユニットを経済価値と市場価値で評価し、継続・撤退などの経営判断、経営資源の再配分を行っています。経済価値評価は、ROICと売上高成長率の2軸で経済価値を評価するもので、新規参入、成長加速、構造改革、事業撤退などの経営判断を適切かつ迅速に行うことを可能としています。また、市場価値評価を行うことで、各事業ユニットの成長ポテンシャルが見極められ、より最適な資源配分を行うことが可能となっています。

図表4-3-3 オムロン株式会社のポートフォリオマネジメント

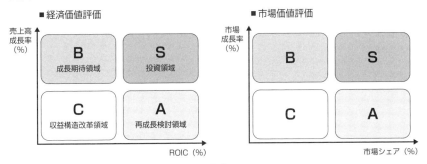

出所:「オムロン統合レポート2022」よりKPMG FAS作成

このように、同社の事業経営においては、事業を通じた社会価値及び経済価値の創出と企業価値の最大化が同じ方向性のなかで議論され、その視点で事業ポートフォリオ管理が実行されているため、非常に先進的な好事例といえます。

4-4 事業ポートフォリオ戦略と M&A戦略

戦略策定・実行にあたってのESG視点の組込み

■事業ポートフォリオの組換え手段としてのM&A

　事業ポートフォリオの変革を実現するにあたっては、自社のリソースのみでは限界があります。M&Aを積極的に活用することによって、より短

図表4-4-1　ESG戦略に基づく事業ポートフォリオの機動的な組換え

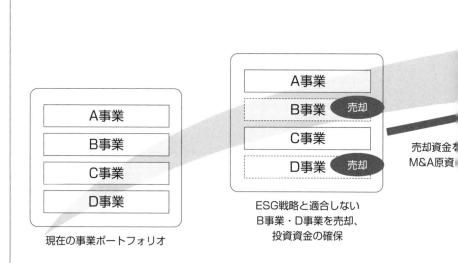

M&Aで事業ポートフォリオを機動的に組み換えて事業戦略を実現

A事業
B事業
C事業
D事業

現在の事業ポートフォリオ

A事業
B事業　売却
C事業
D事業　売却

ESG戦略と適合しない
B事業・D事業を売却、
投資資金の確保

売却資金を
M&A原資

出所：KPMG FAS作成

期間で機動的に事業ポートフォリオを組み換えることができるとともに、非注力分野の事業を売却して得られた資金を他の事業の強化に用いることで、資本の循環をつくることも可能になります。

経営戦略は長期的視座に基づき策定されますが、時間の経過に伴い、策定時には想定していなかった環境変化（法規制や社会的トレンドなど）が生じるために、後日、軌道修正が求められることもあります。そのような状況変化に対しても、M&Aを活用することにより、企業経営のアジリティを高めることができると考えられます。

■ESG視点を追加したM&A実行にあたっての留意点

M&Aを実行するにあたって、これからはESG視点の手続きの追加を検討する必要があります。

具体的には、買い手の立場からは、M&A取引において通常行われる財務・税務・法務デューデリジェンス（DD、M&A等の取引に先立ち実施される事前調査手続き）等に加え、ESGDDを通じ、対象企業のESGの観点からの事業のリスク・機会を明確にしていく必要があります。また、その過程で検出されたリスクは可能な限り定量化し取引価格に反映するか、それが難しい場合には定性的に記述したうえで、当該リスクへの対応策を手当てする必要があります（次項を参照）。売り手の立場からは、子会社・関連会社

A事業

C事業

M&Aによる取得　E事業

M&Aによる取得　F事業

B事業、D事業売却
により得た資金で、
ESG戦略にも適合した
E事業、F事業を取得

や社内の事業部門の売却を検討するにあたり、今後の環境変化、自社の目指すべきESG視点での事業の方向性に照らし、同事業を保有すべきか、さらには保有し続けることで生じうるリスクの有無について検討したうえで、売却対象企業・事業の選定を行うことが重要となります。

　M&Aの実行後、ESG視点での企業価値向上を実現するには、M&Aプロセスの早い段階からESG対応に関するPMI（ポスト・マージャー・インテグレーション）上の課題に取り組んでいくことが重要になります（ESG視点でのPMIに関しては、本章7項を参照）。

図表4-4-2　ESG視点でのM&A実行にあたっての買い手側の対応

ESG戦略との適合性の確認
- 取得対象事業はマテリアリティを踏まえたESG戦略と整合しているか

ESG視点からの事業機会／リスクの洗い出し
- ESG視点での事業シナジーの有無等の事業機会の確認
- ESG DD（ESG視点でのオペレーショナルDD含む）を通じ潜在的なESGリスクの有無を確認

定量化又は取引実行前にリスク解消が可能な場合
- 買収対価へと反映
- 契約による対応（取引の前提条件とする、等）

取引実行前に、リスクへの手当てができていることが望ましい

定量化又は取引実行前にリスク解消が困難な場合
- 契約による対応（表明保証・補償条項でカバーする、等）
- PMIでの事後対応

リスクの程度、必要コストを踏まえ、取引の実行可能性を検討

リスク、コストの判断が難しい場合には、取引を中止するという判断も

出所：KPMG FAS作成

■金融投資家によるESG視点でのM&A
▶投資ポートフォリオへのESG要素の組込み

　ESG投資の手法はその投資戦略や目的によって異なります。世界主要国のESG投資推進団体の協働組織であるGSIA（Global Sustainable Investment Alliance）が、世界のESG投資の現状として隔年で公表しているレポートは、図表4-4-3に示すようにESG投資を7つの手法に分類しています。特定のESG銘柄に対する投資を目的とした金融投資家であれば、

サステナビリティテーマ投資やインパクト投資、コミュニティ投資を軸に投資活動を行うことが考えられます。また、投資対象をESG銘柄に特定しない金融投資家の場合には、それぞれの投資方針に従い投資実行を行うことになりますが、当該投資方針は、資金の調達先となる機関投資家や主に融資等を行う金融機関のESGに関する投資方針とも整合的である必要があります。そのため、投資対象をESG銘柄に特定しない金融投資家の場合であっても、**ESGインテグレーション**（財務分析にESG要素を体系的・明示的に組み込むこと）の視点での投資意思決定が必要とされる傾向は、今後ますます強くなっていくことが考えられます。

図表4-4-3　ESG投資の方法

	投資手法	概要
1	ネガティブ・スクリーニング	ESG要素に基づき、特定のセクターや個別企業を投資先から除外する
2	ポジティブ・スクリーニング	業種内で比較して、ESGパフォーマンスの評価が高い企業に投資する
3	国際規範スクリーニング	UN、ILO 、OECD等が策定した国際規範に違反した企業を投資先から除外する
4	ESGインテグレーション	投資先を分析・選定する際に、財務情報だけでなくESG情報も含めて分析する
5	サステナビリティテーマ投資	サステナビリティに貢献するテーマや資産に対して投資する（例：クリーンエネルギー、グリーンテクノロジー、持続可能な農業等）
6	インパクト投資、コミュニティ投資	特定の社会問題・環境問題を解決することを目的として投資する
7	エンゲージメントと株主行動	ESG方針に基づき、エンゲージメント、株主提案、議決権行使等を用いて企業行動に影響を与える

出所：GSIA「Global Sustainable Investment Review 2020 」、日本取引所グループおよび東京証券取引所「ESG 情報開示実践ハンドブック」に基づきKPMG FAS 作成

▶ESG要素をM&Aへ組み込む理由

　金融投資家にとって、投資対象に対するESG要素の組込みは結果として投資実行のハードルを引き上げる可能性や、ESG要素を考慮した結果、コストが想定より膨らみ、短期的には投資先のコスト増≒リターンの低下

につながることでマイナスに働く可能性があります。

　一方で、ESGの意識が低い企業に対する市場圧力により投資先の企業価値が毀損するリスクを考えると、投資の意思決定にESG要素を組み込むことが求められます。経済産業省による運用機関へのアンケート調査では、投資家のESG情報の活用目的としてリスク低減（97.9％）を第一に挙げています[6]。これは事業の持続可能性の観点から仮に短期的なリターン低下をもたらしたとしても、リスク低減がリターンの「安定化」につながり、またESG課題への取組みを通じて将来のリスクプレミアム（資本コスト）が低下するような企業、すなわち将来の企業価値向上が見込めるような企業に投資するという視点が働いているものと考えられます。

　現時点では、まだ株式市場・M&A市場における資産価格にESG要素が有意な形で織り込まれているという統計的証拠はありません。そのため、先んじてESG視点を考慮した投資ポートフォリオ運営を行うことにより超過的な収益を実現できる可能性（ESGプレミアムが投資先のプライシングに考慮されていないタイミングで投資実行することで、将来、当該ESGプレミアム相当をリターンとして享受できる可能性）も考えられ、金融投資家にとって投資ポートフォリオにESG要素を組み込むことは、リターンの観点から有利に働く可能性があると考えられます。

6　経済産業省 産業技術環境局 環境経済室（2019年）「ESG 投資に関する運用機関向けアンケート調査」

4-5 ESGデューデリジェンス（ESGDD）

ESGDDの調査項目と発見事項の取扱い

デューデリジェンス（DD）とは、企業が投資を行うにあたって、買収対象会社の価値やリスクを調査することであり、この結果に基づいて、投資の実行に関する意思決定を行います。ビジネス・財務・税務・法務・IT・人事などのDDがよく行われますが、本項ではESG視点でのDD（ESGDD）について解説します。

■M&A実行時にESG視点を取り込んだDDが求められる背景

本書では、ESGDDを「対象会社のサステナビリティ（ESG要素を含む中長期的な持続可能性）について、事業活動全般にわたってリスクおよび機会を調査する手続き」と定義します。

一般的に、投資を実行する会社がプライベート・エクイティ（PE）ファンドか事業会社かで、ESGDDが求められる背景は異なります。

まず、PEファンドは、責任投資原則（PRI：Principles for Responsible Investment）[7]の趣旨に賛同し署名をしている場合には、投資の分析と意思決定のプロセスにESG課題を組み込むことが要請されています。具体的には、PRIの報告フレームワークにおける「プライベート・エクイティ」の個別モジュールにおいて、重要なESGファクターが特定された場合の具体的なDDプロセス[8]について言及されています。

---

7 国連の支援を受け発足した、機関投資家の責任投資へのコミットメントを6つの原則への署名によって表明するイニシアティブのことです。

8 ESGチェックリスト、詳細な質問票、第三者コンサルタントの起用、サイトビジット、マネジメントへのインタビュー、PMIプランの策定、調査結果の投資プロセスへの反映などです。

事業会社は、機関投資家からESG要素を含む持続可能性を踏まえ企業価値を評価されています。インオーガニック[9]な成長を目指してM&Aを実行する場合も、当然のことながら、その**M&Aを実行した後も企業自身が持続可能であること**が求められ、そのためには買収・投資先企業のESGリスクを適切に管理し自社のESG評価の水準を維持・向上していく必要があります。したがって、機関投資家の期待に応え、説明責任を果たすためには、ESGDDを実施し、持続可能性に関するリスクを検出し、それらに適切に対処する必要があるのです。

図表4-5-1　事業会社にESGDDが求められる背景

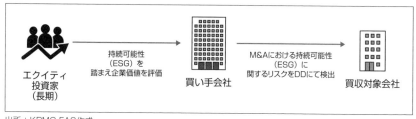

出所：KPMG FAS作成

■ESGDDのスコープの策定

　ESGDDでは、時間や入手可能な情報に制約があるなかで、買収対象会社の事業活動全般にわたってESGという広範なテーマについてリスクや機会を調査するため、買収対象会社に関連する重要なESGトピックを網羅しつつ、企業価値に影響する項目にフォーカスした調査手続きの範囲（DDスコープ）を策定することが重要となります。

9　自社が保有している既存の経営資源を利用して成長を実現することをオーガニック成長と呼ぶのに対し、他社の買収・提携などを通じて成長を行うことをインオーガニック成長といいます。

図表4-5-2 ESGDDのスコープの策定

①買収対象会社のESG
プロファイルの把握　→　②自社のESG
評価基準の確認　→　③DDスコープの
作成　→　④DDスコープの
調整

出所：KPMG FAS作成

①買収対象会社のESGプロファイルの把握

　まず、公開情報を基に対象会社のESGに関する取組みを概括的に把握し、スコープ作成の基礎とします。対象会社が上場企業の場合には、各種ESG情報開示（ウェブサイト、統合報告書等）やESG評価機関によるスコアなど、公開情報が多く利用できます。他方、対象会社が非上場企業の場合にはESGに関する情報開示は限定的なので、対象会社の業種に関する、SASBスタンダード（第2章3項を参照）やESG評価機関の評価項目を参照することでフォーカスすべきESGトピックを検討します。

②自社のESG評価基準の確認

　自社（買い手企業）が投資時・投資後に重視するESG項目を確認し、スコープのなかで重点項目とします。特に、欧米系のPEファンドでは投資時のESG評価基準を有している場合が多く、それらの重点ポイントを加味します。ファンドに融資している金融機関がそのファンドの投資先についてESGに関するKPIを設定している場合もあります。上場企業であれば、マテリアリティを特定・公表している場合が多く、それらを重点ポイントとして加味します。

③DDスコープの作成

　買収対象会社のESGに関する全般的な取組みおよび上記ステップで特定した重点項目について、具体的な調査手続きを策定します。この際、TCFD提言で開示を求められている「ガバナンス」「戦略」「リスク管理」

「指標と目標」という4分野の切り口での分析が有用となります。

　これらは、取締役会による監督の下で、経営者がリスク管理を行いながら事業戦略を実行しつつ、指標と目標に基づいて進捗を管理するという、企業が持続的な価値創造を目指すためのPDCAサイクルに必要な要素を表しています。また、現在各国で適用に向けた議論が進んでいるIFRSサステナビリティ開示基準や、米国SECによる気候関連開示に関する公開草案でも、同様の分野に焦点があたっています。

　したがって、ESGDDにおいてもこれらの切り口で分析することが、企業経営の基本的な要素や国内外のフレームワーク・基準で求められている視点との整合性の観点から有用と考えられます。

④ DDスコープの調整

　法務DD、人事DD、ITDD等も併せて実施する場合には、重複する領域・手続きを削除するなど、スコープを調整します。またDD開始後も、入手した情報や理解に応じて適宜スコープを調整していきます。

▶具体的なESG調査項目の例

　具体的な調査項目として、以下では「気候変動対応」および「サプライチェーン」を紹介します。

✓気候変動対応

　気候変動対応に関する主な調査項目は、図表4-5-3のとおりです。

図表4-5-3　調査項目の例（気候変動対応）

	具体的な調査項目（例）
方針	・気候変動対応に関する方針の有無 ・エネルギー使用量やGHG排出量の削減に関する方針の有無
ガバナンス体制	・取締役会の関与 ・執行責任者・部署の明確化
各種施策	・スコープ1、スコープ2（スコープ3）の排出量の測定、目標値の設定 ・再生可能エネルギー使用量の把握、目標値の設定 ・スコープ1、スコープ2やエネルギー使用量の削減に向けた投資の有無 ・気候変動対応に関するシナリオ分析実施の状況
目標・KPI	・GHG排出量、エネルギー使用量 ・気候変動対応に関するインセンティブ制度
法令違反等の状況	・法令違反の有無 ・該当ある場合、内容・顛末・財務影響度、再発防止策

■カーボンプライスの将来の負担額は？
■脱炭素戦略が投資計画に織り込まれているか？

出所：KPMG FAS作成

　気候変動対応に関しては、方針やガバナンス体制を把握することに加えて、特に各種施策の状況を把握することが重要となります。なぜなら、スコープ1、スコープ2の排出量の実績・目標値や、再生可能エネルギー使用量の実績・目標値に基づき、CO_2排出量に対する将来的な炭素税等のカーボンプライス負担額を一定の仮定を置いて推計し、当該金額を事業計画並びに対象会社株式価値の評価に織り込むことを検討する必要があるからです。推計にあたっては、CO_2排出量と相関関係が高いと考えられる財務数値やKPIを用いることが考えられます。たとえば、生産量もしくは販売量一単位当たりのCO_2排出量を分析し、事業計画期間における生産量・販売量に乗じることで事業計画期間におけるCO_2排出量を計算し、さらに炭素価格を乗じることでカーボンプライス負担額を定量化することができます。

　現状では、地球温暖化対策の推進に関する法律（温対法）に基づく温室効果ガス排出量の算定・報告・公表制度の対象となる企業でも、排出量を必ずしも継続的に記録していない企業は多くあります。この場合でも、単位発熱量や排出係数を用いることで、石油、ガス等の化石燃料や電力の使

用量からCO2排出量の算定はできるため、同様の分析が可能です。

◆炭素価格

　炭素価格の予測は多くの機関で行われています。たとえば、国際エネルギー機関（IEA：International Energy Agency）が2021年10月に公表した予測では、2050年に排出量をネットゼロにするシナリオの場合、先進国の炭素価格は2040年にCO2排出量1トン当たり**140ドル**、2050年に同**250ドル**になるとされています[10]。

◆脱炭素戦略

　脱炭素戦略として具体的に何を想定しているか、その投資額が事業計画にどのように反映されているかの確認も重要です。

✓サプライチェーン

　サプライチェーンに関する主な調査項目は以下のとおりです。

図表4-5-4　調査項目の例（サプライチェーン）

	具体的な調査項目（例）
方針	・「責任ある調達方針」やガイドラインの有無、ESG 要素の考慮項目
ガバナンス体制	・取締役会の関与 ・執行責任者・部署の明確化
各種施策	・重要なサプライヤーの特定、取引額に占める割合 ・サプライヤー調査票等によるリスク評価 ・モニタリング・是正措置 ・サプライヤーに対する研修・サポート体制
目標・KPI	・施策の実効性を確保するためのKPI の設定
法令違反等の状況	・法令違反の有無 ・該当ある場合、内容・顛末・財務影響度、再発防止策

■調達先へのリスクアセスメントは実施している？
■調達方針を遵守していない取引先はあるか？

出所：KPMG FAS作成

10　計算に用いる炭素価格の設定は慎重に行う必要があります。IEAは、シナリオごとに異なる炭素価格を設定していますし、気候変動リスクに係る金融当局ネットワーク（NGFS：Network for Greening the Financial System）など、より高額な将来の炭素価格を設定している機関もあります。

　まずは、買収対象会社が調達規範やガイドラインを策定しているか、また買収対象会社が属する業界や主要な顧客が取引先として買収対象会社に求めている調達行動規範を遵守しているかを把握します。主要な顧客から要請される調達行動規範の遵守は、買収対象会社のみならず、買収対象会社の取引先（主要な顧客からみた場合の二次サプライヤー）にも及びます。

　最近では、中小規模の会社でも、サプライヤー行動規範や調達方針などを作成しています。しかし、実際にサプライヤーに伝達している会社や、重要サプライヤーを特定したうえで、リスクアセスメントを実施している会社はそれほど多くありません。ESGDDにおいては、金額的および質的に重要な取引先との取引内容（調達品やサービスの内容）、取引金額および事業展開地域を把握し、潜在的なリスクをハイレベルに検討します。そのうえで、仮に取引が継続できなくなった場合の代替的な取引先の有無を確認し、影響を定量化（売上や利益に与える影響の試算）することが考えられます。

■ESGDDにおける調査の実施

▶ESGDDに必要な資料の依頼

　買収対象会社のESG課題への取組状況により異なりますが、まずは以

図表4-5-5　ESGDD依頼資料リスト（案）

全般 ※公開されているものは除く	・ESG情報を含む年次報告書（統合報告書、サステナビリティ報告書等） ・ESGデータ集 ・グループ会社、拠点一覧
規程類、施策・KPI関連	・ESG関連の各種方針（サステナビリティ基本方針、環境方針、責任ある調達方針、人権方針…） ・規程、マニュアル（贈収賄防止規程、従業員ハンドブック…） ・ESG推進に関する会議体の資料・議事録 ・ESG関連の各種施策のKPI管理資料
その他	・内部監査や外部監査の報告書 ・機関投資家やNGO等とのESG課題に関する対話の記録

出所：KPMG FAS 作成

下のような資料を依頼します。一部は、財務DDや法務DDで必要な情報があるため、重複がないようにDDチーム間でのすりあわせが必要です。

▶インタビューの実施

買収対象会社からの開示資料やQAシートにおける回答だけでは把握できないものがESGDDでは多いため、インタビューが特に重要となります。カバーする分野が広範囲となるため、複数の担当者へのインタビューが必要な場合もあります（環境対策責任者、人事責任者、法務責任者など）。

■ESGDDにおける発見事項の取扱い

▶ESGDDの発見事項

ESGDDの結果、一般に以下のような事項が発見されます。発見事項から生じる影響額が**定量化可能か否かの整理**が重要となります。

図表4-5-6　ESGDDの発見事項（例）

この整理が重要となる

発見事項		影響額が	発見事項の例
発見事項	E	定量化可能	■カーボンプライス負担額 ■廃棄物や土壌汚染の処理費用などの環境債務 ■座礁資産の処分費用
		定量化不可能	■執行の責任者、部署が不明確 ■GHG排出量の測定体制の未整備 ■KPIが未設定
	S	定量化可能	■未払残業代・社会保険料 ■製品保証費用の増加 ■情報セキュリティ強化のためのIT投資
		定量化不可能	■従業員エンゲージメント調査における低評価 ■サプライヤーに対するリスク評価の未実施
	G	定量化可能	■税務リスクの顕在化による追徴税の支払い
		定量化不可能	■ESG関連の各種方針の未整備 ■適切な会議体の未設計

出所：KPMG FAS作成

▶発見事項の取扱い

　前述のESGDDの発見事項をどのように手当てするかは、以下のフレームワークで整理することができます。このフレームワーク自体は、他のDDと大きな相違はありませんが、ESGDD特有の事情を考慮する必要があります。

図表4-5-7　ESGDD発見事項の対応フレームワーク

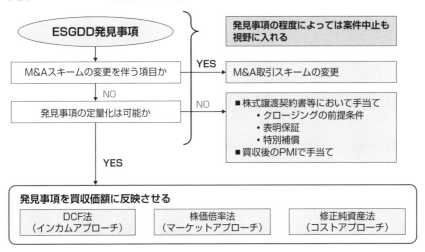

出所：KPMG FAS作成

　ディールブレーカー（案件の検討継続ができなくなるような重大事項）が発見されれば、案件自体の検討を中止することもありえます。したがって、まず最低限ディールブレーカーがないことを判断できる程度の範囲と深度で調査する必要があります。

　DDにおける発見事項が、ディールブレーカーあるいは取引ストラクチャーの変更を伴う重大な問題ではない場合の対処方法としては、①発見事項を、買収対象会社（事業）の**価値評価に織り込む**（次項を参照）、②**株式（事業）譲渡契約書（SPA）において手当てをする**ことが考えられます。

①発見事項を買収対象会社（事業）の価値評価に織り込む

　発見事項の内容を踏まえて、事業計画における損益・キャッシュフローもしくは企業価値からの控除項目であるネットデットとして織り込みます。次項に記載のとおり、現状では発見事項は可能な限り定量化のうえ、価値評価に反映させることがより好ましい対応です。

②株式（事業）譲渡契約書（SPA）において手当てをする

　具体的な方法としては、売り手に、買収対象会社に関して潜在リスクがないと考える項目について**表明保証**を求めることや、重要事項について損害が生じた場合の**特別補償**を求めることが考えられます。たとえば、サプライチェーンにおいて問題があるにも拘らず、適切に把握・対処していないとみなされれば、レピュテーションリスクに直結します（特に人権など）。影響額の定量化は容易ではないため価値評価への織り込みは難しいですが、SPAの特別補償条項の対象とすることや、PMIでの早急対応事項に挙げることが考えられます。

▶PMIの重要性

　ESGDDを行っても、潜在的なリスクの有無を十分に検証できないことや、発見事項の定量化が難しいことも多くあります。また、長期的な時間軸で顕在化するものも多いと考えられます。これは、ESG情報が非財務情報であることや、中小規模の会社の多くは現状ではESGへの取組みが道半ばであることが要因です。

　したがって、価値評価や株式譲渡契約書での手当てにはある程度限界があり、**クロージング後のPMI（ポスト・マージャー・インテグレーション）**の重要性がますます高まります。まずは、クロージング前までに把握できなかった事項の精査（すなわち、クロージング後の追加DD）から始め、把握されたESG課題について、買い手・対象会社が一体となって取り組むことが必要です（PMIのアプローチについては本章7項を参照）。そうすることで買収後にリスクが顕在化したとしても、"何も対応しなかった"

という批判やレピュテーションの毀損を低減できる可能性があります。

■本項のおわりに：これまでのDDとの相違点

本項で説明したESGDDの一部は、これまでもリスクの高い（と考えられる）エリアについては個別にDD（環境DD、人事DD、ITDD等）が実施されています。しかし、ESG視点での調査項目を必ずしも網羅的にカバーしているものではありません。以下に、これまでのDDとこれから実施すべきESGDDのちがいをまとめています。

当面は、買収対象会社の潜在的なESGリスクの把握に力点が置かれることにはなりますが、DDを起点にESG視点をM&A取引のプロセスに組み込んでいくことが望まれます。さらに、DDにおいてESG視点で機会を発見できれば、投資実行後に買い手と買収対象会社が一体で、当該機会の実現に向けて取り組むことができます。これはまさに、**企業価値向上の手段としてのM&A**という目的に沿ったものとなります。

図表4-5-8　ESGDDとこれまでのDDとのちがい

現状	将来
■買収対象会社の特性に応じて、リスクの高い(と考えられる)エリアについて個別にDDを実施(環境DD、人事DD、ITDD等)	■ESGの観点から、買収対象会社の業種・地域も踏まえ、網羅的に重要なリスク・機会を特定し、調査手続きを策定
■潜在的なリスク項目（過去の事象に起因した将来の債務等）を検出することにフォーカスした手続きを実施	■過去の事象に起因した債務等のみならず、今後の社会や規制の動向等も踏まえたうえで、将来顕在化する可能性のある項目についても考慮
■財務諸表の基礎となる（または関連する）財務情報や、契約書・法律関連書類が主な調査対象	■財務情報に加えて、非財務情報（企業価値に影響するもの）も重要となる
■DDの発見事項は買収価格・条件への反映に主眼が置かれ、バリューアップへの活用にはまだ課題も多い（最近はPMIの考え方が浸透してきてはいるが）	■リスクのみでなく機会も把握し、今後のバリューアップをより意識した評価・検討を実施
	■自社のESG施策・KPIや情報開示に与える影響も考慮

出所：KPMG FAS作成

第4章 経営資源の再配分

149

4-6

ESG視点での企業価値評価

非財務資本の活用により生み出される超過収益力が評価される

■従来の企業価値評価とESG視点での企業価値評価のちがい

▶ESG経営下における企業価値評価の重要性

企業経営においてSDGsやESGへの取組みが重視され、かつESG投資が活性化する今日、株式市場で評価される企業価値の重要な要素として、従来までの財務資本のみならず非財務資本も考慮する傾向が強まりつつあります。そこで、企業におけるESG課題への取組みやESG活動への投資、ESGを踏まえたM&Aの実行に加え、それらのプラスまたはマイナス両面の効果等に関する投資家向けの情報開示の拡充は、株式市場での自社の評価向上につながる重要な要素といえます。

また、コーポレートガバナンス・コードの要請である「サステナビリティ（ESG要素を含む中長期的な持続可能性）課題への積極的・能動的な対応」を一層進めていく観点からも、企業には非財務資本を活用し企業価値を増加させる経営努力が一層求められています。

このようなESG経営およびESG投資が進展する環境下では、ESG活動への投資が生み出す長期的な投資価値の把握や、M&A実行時のESG要素を考慮した投資先の適正な評価、さらにはESG視点での戦略的な事業ポートフォリオの組換え検討にあたっての各事業の評価額の検討など、ESG要素を反映した評価プロセスへの注目度が高まってきています。

▶伝統的な財務視点の評価とESG視点での評価のちがい

企業価値評価実務においては、評価対象企業のキャッシュフロー予測を同キャッシュフローのリスクに対応した割引率で割り引いて企業価値を算

定する、**ディスカウンテッド・キャッシュ・フロー法（DCF法）**を用いるのが一般的です。その際、従来の評価実務では、有価証券報告書や業界レポートなどの開示情報から、主として財務的・経済的な視点でキャッシュフロー予測や割引率計算が行われてきました。具体的には、属する業界の将来の市場規模や想定シェア等から推定される評価対象会社の将来の売上高成長や、生産コストの改善等による収益性の向上、将来の売上高成長を支える資本的支出の水準の情報等を前提とした将来損益またはキャッシュフロー予測が実施されてきました。

　一方で、ESG視点での評価では、従来の財務情報に加え、統合報告書、サステナビリティレポート等に記載される気候変動や労働環境、ガバナンス体制などのESG課題に対する企業の取組み状況や、それらの将来的なインパクトなどの非財務情報、つまり環境や社会、ガバナンス等の観点も踏まえキャッシュフロー予測や割引率計算が実施されることになります。

図表4-6-1　従来の視点とESG視点での評価のちがい

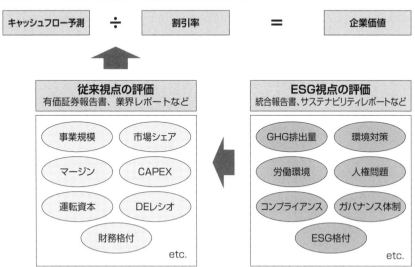

出所：KPMG FAS作成

また、従来の評価実務では、対象企業が作成する5年程度の財務予測を基に継続企業を前提とした評価が実施されるのが一般的ですが、ESG視点での評価においては、ESGに関連した事業リスクおよび機会を適切に反映する観点から、従来に比べてより長期的な視点で財務予測を構築したうえで実施することが重要になります。加えて、長期的な視点という意味では、対象企業の事業すべてに対して継続事業の前提を基に継続価値を考慮するか否かの検討も必要となる場合があります。さらに、長期的な予測には不確実性が避けられないため、シナリオ分析の活用もポイントとなります。

■非財務情報（非財務資本と無形資産）と企業価値の関係性
▶ESG経営と非財務資本
　企業の時価総額が簿価純資産額を超過する額、すなわちPBR（株価純資産倍率）が1倍を超える価値である超過収益力は、企業による非財務資本の統合的な活用により生み出される価値ととらえることができます。国際統合報告評議会（IIRC：International Integrated Reporting Council）では、企業の資本は6つの項目に分類され、**財務資本以外の5つの資本（製**

図表4-6-2　統合的な企業価値の構成図

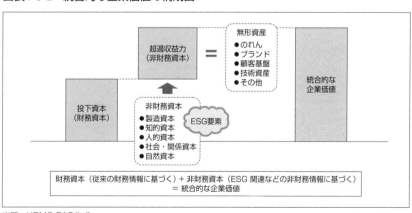

出所：KPMG FAS作成

造資本、知的資本、人的資本、社会・関係資本、自然資本）が非財務資本を構成し、これらはまさにESGに関連する資本概念と重なります。非財務資本の統合的な活用により、企業の将来キャッシュフローの増加や資本コストの低下などを通じた超過収益力が生み出され、企業価値の増加につながります。

　企業が非財務資本の活用などの情報を積極的に発信することで、企業のESG経営に起因する超過収益力が投資家に評価され、結果として株式市場における企業の評価向上につながると期待されます。

　したがって、ESG経営において企業に要請されることの1つは、従来の財務視点に基づく企業価値の向上のみならず、環境・社会などのESG視点での非財務資本の構築やその効果的な活用による統合的な企業価値の向上を達成することといえます。

▶ESG経営と無形資産価値

　ESG経営の実践がどの程度自社の企業価値の向上に寄与するかについては、企業価値の向上がどのような無形資産の創出で実現されているかを理解することでとらえることができます。すなわち、ESG課題への取組みやESG活動への投資により生み出される無形資産の創出メカニズムを分析することで、ESG経営により創出されるESG関連資産（無形資産）の内容や価値を把握することが可能となります。

　国際評価基準審議会（IVSC：International Valuation Standards Council）の公表資料に基づけば、以下のような**ESG経営による無形資産の創出メカニズム**が想定されます。

　　⇒　E（**環境**）への投資は、企業のブランド価値を高め、売上高の増加や既存ブランドの価値棄損を防ぐ効果があり、また、ブランド価値の増加が二次的に顧客基盤の拡大や人的資本の価値向上につながる。

　　⇒　S（**社会**）への投資は、ブランド価値の向上に加え、優秀な人材の獲得や維持による人的資本の価値向上につながり、それらの人材が生み出すイノベーションが二次的に顧客基盤の拡大や技術資産の創出

をもたらし、売上高の増加につながる。

⇒ **G（ガバナンス）**への投資は、ブランドや人的資本、顧客基盤、技術資産などの企業が有する無形資産の維持・保全に寄与し、結果として、企業が直面するビジネスリスクや、資本コストを低減させる効果がある。

図表4-6-3　ESGと無形資産の創出メカニズム

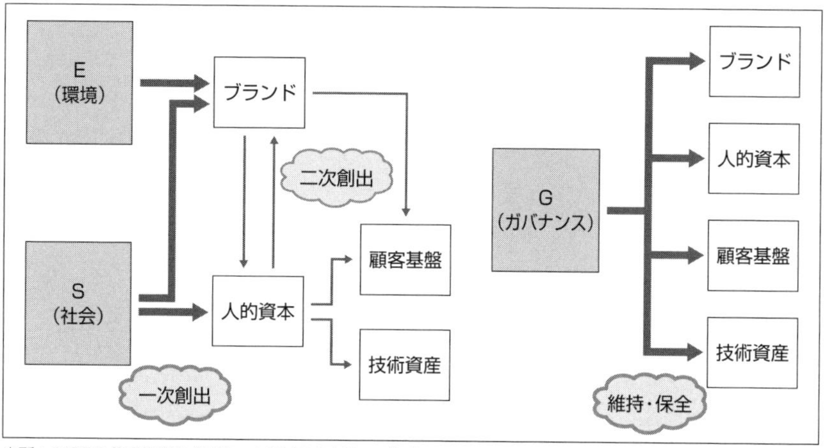

出所：IVSCの公表資料を参考に、KPMG FASにて作成

　ブランド、人的資本、顧客基盤、技術資産などの無形資産の価値については、財務会計上の評価実務における評価アプローチを採用することで定量化が可能ですが、IVSC等では自己創設無形資産の開示の取組みに向けた評価フレームワークの検討が進められています。たとえば、ESG関連無形資産のなかでもその重要性が注目されている人的資本については、現行の評価アプローチでは採用費やトレーニング費用といった従業員の集合体を再構築するためのコストに焦点をあてたコストアプローチを用いるのが一般的です。しかし、コストアプローチでは本来、人的資本が内包する従業員間のコミュニケーションや連携が生み出す相乗効果や、他の無形資産の創出効果などが正確に織り込まれないため、人的資本を有する場合と

有しない場合との差額に着目したインカムアプローチなどの代替的評価アプローチが検討されるべきところです。

　評価アプローチの議論は残るものの、重要な点は、自社のESG活動から創出される無形資産を個別かつ詳細に分析し、その内容や価値を投資家に向け効果的に発信することにあります。この取組みにより、株式市場で自社の超過収益力が適正に評価され、企業価値が増加するようなメカニズムにつながるよう、無形資産等のESG関連資産に係る統一的な評価フレームワークの構築や、それらの開示基準が早期に整備されることが期待されます。

■ESG要素の各評価アプローチへの反映

　ESG視点での企業価値評価においても、従来の評価アプローチであるインカムアプローチ、マーケットアプローチおよびコストアプローチが用いられ、そのうえでESG要素が評価に反映されます。

▶インカムアプローチへの適用

　インカムアプローチにてESG要素を反映する際には、本アプローチの

図表4-6-4　インカムアプローチにおける主要なESG考慮ポイント

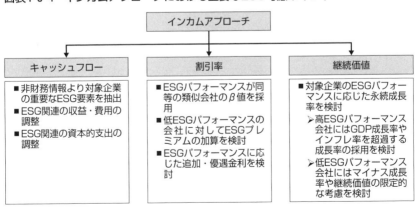

出所：KPMG FAS作成

主要な構成要素である「1　キャッシュフロー」「2　割引率」および
「3　継続価値」の観点から、その反映方法を検討する必要があります。

1　キャッシュフロー

キャッシュフローの調整は、以下の手順で実施されます。

図表4-6-5　ESG要素のキャッシュフロー調整の適用事例

	FY2023	FY2024	FY2025
営業利益　（ESG考慮前）	500	505	510
カーボンプライシング関連コストの増加	(100)	(140)	(196)
環境対策資産の購入に伴う減価償却費の増加		(50)	(50)
原材料コストの増加		(10)	(12)
環境対策商品の導入による利益の増加			
営業利益　（ESG考慮後）	400	305	252
CAPEX	(10)	(1,000)	(10)
減価償却費の足し戻し	100	100	100
運転資本の増減	(10)	(10)	(9)
フリーキャッシュフロー（税前ベース）	480	(605)	333

	FY2037	FY2038	FY2039
営業利益　（ESG考慮前）	575	580	586
カーボンプライシング関連コストの増加	(249)	(224)	(202)
環境対策資産の購入に伴う減価償却費の増加	(50)	(50)	(50)
原材料コストの増加	(50)	(50)	(50)
環境対策商品の導入による利益の増加	51	51	51
営業利益　（ESG考慮後）	277	307	336
CAPEX	(10)	(10)	(10)
減価償却費の足し戻し	100	100	100
運転資本の増減	0	(8)	(8)
フリーキャッシュフロー（税前ベース）	367	390	418

出所：KPMG FAS作成

- 非財務情報を参考に、評価対象会社において重要なESG要素を抽出していきます。その際、米国サステナビリティ会計基準審議会（SASB）が公表している業種別のマテリアリティマップや、気候関連財務情報開示タスクフォース（TCFD）の提言に基づく開示内容、Accounting for Sustainability（A4S）の「評価と気候変動のエッセンシャルガイド」な

（百万円）

FY2026	FY2027	FY2028	FY2029	FY2030	FY2031	FY2032	FY2033	FY2034	FY2035	FY2036
515	520	526	531	536	541	547	552	558	563	569
(255)	(331)	(431)	(474)	(521)	(469)	(422)	(380)	(342)	(308)	(277)
(50)	(50)	(50)	(50)	(50)	(50)	(50)	(50)	(50)	(50)	(50)
(14)	(17)	(21)	(25)	(30)	(30)	(30)	(30)	(30)	(50)	(50)
(2)	2	3	5	7	10	15	23	34	51	51
194	124	27	(13)	(58)	3	60	115	170	207	243
(10)	(10)	(10)	(10)	(10)	(10)	(10)	(10)	(1,000)	(10)	(10)
100	100	100	100	100	100	100	100	100	100	100
(9)	(8)	(8)	(7)	(7)	(7)	(7)	(7)	(7)	(7)	(8)
275	206	109	70	25	86	143	198	(737)	290	326

FY2040	FY2041	FY2042	FY2043	FY2044	FY2045	FY2046	FY2047	FY2048	FY2049	FY2050
592	598	604	610	616	622	629	635	641	648	654
(182)	(164)	(145)	(127)	(109)	(91)	(73)	(55)	(36)	(18)	0
(50)	(50)	(50)	(50)	(50)	(50)	(50)	(50)	(50)	(50)	(50)
(50)	(50)	(50)	(50)	(50)	(50)	(50)	(50)	(50)	(50)	(50)
51	51	51	51	51	51	51	51	51	51	51
362	386	410	434	458	483	507	532	556	581	605
(10)	(10)	(10)	(10)	(1,000)	(10)	(10)	(10)	(10)	(10)	(10)
100	100	100	100	100	100	100	100	100	100	100
(8)	(8)	(8)	(8)	(8)	(8)	(8)	(8)	(8)	(9)	(9)
444	468	492	516	(450)	565	589	613	638	662	687

どの公表資料を参照するとよいでしょう。また、ESGデューデリジェンス（ESGDD）の結果等を考慮します。ESG関連リスクは業界や企業の固有の事情により異なるため、たとえば、GHG排出管理や環境対応製品の導入状況など、評価対象企業にとって固有の重要なESG要素を特定することがポイントとなります。

- ESGに関連した収益や費用の損益計算書項目を反映します。ただし、現時点においては各ESG要素に係る統一的な評価フレームワークは確立されておらず、適切な定量化が困難な項目も多いのが実情です。そのような場合、調整項目としては、TCFDのガイダンスに基づく定量化数値やESGDDの発見事項として特定された影響額などを参照するケースが多いと考えられます。

- 事業の撤退などESG視点での事業ポートフォリオの組換えに係るコストなど、損益計算書には表れないESGに関連した資本的支出等のキャッシュフロー項目を反映します。

　156〜157ページの図表4-6-5は、TCFDのガイダンスに基づくキャッシュフロー（税前）調整の事例を示しており、一般的な調整項目としては、カーボンプライシング関連コスト、原材料コストの増加等のリスクに伴うマイナス要因や、環境対策商品の開発・販売による利益の増加等のオポチュニティによるプラス要因が挙げられます。また、ESGへの取組み効果を反映する観点から、業種によっては2050年程度までの長期的なキャッシュフロー予測の構築検討が必要となる場合があります。

　なお、本キャッシュフロー調整において、E（環境）に関するマーケットデータは数多く存在し、経営者によりE（環境）の評価への反映の重要性が認識されている一方で、現状の評価フレームワークではS（社会）やG（ガバナンス）に係る影響額の把握が困難なケースが多いため、当面はE（環境）の影響額の反映に重点が置かれた評価が実施されると想定されます。

2　割引率

　一般的に、ESG課題への取組みが活発でESG格付けが高い、いわゆる
ESGパフォーマンスの高い会社の β 値（TOPIXなどの市場インデックス
に対する評価対象会社の株価の感応度）は相対的に低く、結果として、
ESGパフォーマンスが高い会社の加重平均資本コスト（WACC）が低下
する傾向があると考えられています。たとえば、エネルギー効率の高い企
業は効率の低い企業に比べてエネルギー価格変動の影響を受けにくいため、
株価のボラティリティ（システマティックリスク）が相対的に低くなる傾
向にある点などが挙げられます。また、ESGの影響度は業種によって異
なり、当該影響度のちがいは業種間の β 値の差異を構成する要素と考えら
れます。

　ESG視点での割引率の計算については、従来の評価実務と同様に、資
本資産価格モデル（CAPM）アプローチに基づく**割引率（WACC）**の計
算式に、以下のようなESG関連項目の調整が実施されます。

図表4-6-6　ESG要素の割引率への適用

WACC	①株主資本コスト✕資本比率＋②負債コスト✕負債比率

①株主資本コスト	リスクフリーレート＋β値✕エクイティリスクプレミアム＋サイズプレミアム＋カントリーリスクプレミアム＋**ESG追加プレミアム**
②負債コスト	（負債コスト±**ESG追加／優遇金利**）✕（1－税率）

出所：KPMG FAS作成

　評価対象会社の属する業界における重要なESG要素を特定し、同要素
に対する取組み状況に基づくスコアリングやESG格付け等のESGパフォ
ーマンスが同等の類似会社を抽出のうえ、それらの会社の β 値の平均値や
中央値などを分析します。ただし、当該スコアリングなどESGパフォー
マンス測定に係る統一的な取扱いが確立されていない現状においては、評
価者の主観的な判断の下で類似会社が抽出されるケースが多いと考えられ

ます。

　一方で、類似会社に比して評価対象会社のESGパフォーマンスが著し
く低くESGの観点からは類似する会社が存在しない場合には、評価対象
会社の割引率計算時に追加リスクプレミアムの考慮が必要となります。そ
の根拠としては、通常ESGパフォーマンスの高い会社は強固なガバナン
ス体制を備え、法令違反や訴訟等のネガティブイベントの発生可能性が低
く、割引率が相対的に低くなる傾向にあるため、そうしたESGパフォー
マンスの差を割引率算出の際に調整する必要があることなどが、理論的な
観点から挙げられます。

　また、ESGパフォーマンスのちがいは企業の負債調達コストにも影響
するため、ESGパフォーマンスに応じた優遇ないしは追加利子率を負債
コスト計算に反映する必要があります。

　ESG関連リスクが相応に高く、その影響を評価に反映させる際、現行
実務では当該リスクをESGリスクプレミアムとして割引率に追加反映す
るケースがあると思われますが、リスク調整内容の影響額を定量化できる
場合、それらをキャッシュフローの調整項目として反映することが推奨さ
れます。

3　継続価値

　ESG視点での継続価値の算定にあたっては、以下の事項の検討が必要
となります。

- すべての企業に対し一律の成長率を適用するのではなく、評価対象会社
  のESGパフォーマンスを考慮のうえ、適用する数値水準を定めること。
- 具体的には、ESG課題への積極的な取組みにより長期的に高成長率の
  持続が期待される評価対象会社に対しては、評価実務において一般的に
  用いられるGDP成長率やインフレ率の予想値よりも高い値を適用する
  ことの可否についての検討。
- 一方で、ESGパフォーマンスの低い評価対象会社に関しては、将来的

な収益性の低下や事業継続が困難となりうる状況等を勘案のうえ、マイナス成長率の適用もしくは継続価値を限定的にしか考慮しないことの検討。

▶マーケットアプローチへの適用

マーケットアプローチの主な手法としては、類似会社の株価を参照する類似会社比較法と類似会社に関するM&A取引価額を参照する類似取引事例法があります。ESG視点の評価では、両手法に対して以下の調整が行われます。

図表4-6-7　マーケットアプローチにおけるESG関連調整

■評価対象会社における重要なESG要素を特定

■ESGパフォーマンスが同水準の類似会社もしくは類似取引を抽出

■ESGパフォーマンスに差異がある場合はマルチプルを調整

出所：IVSC Perspectives Paper：ESG and Business Valuation を基にKPMG FAS作成

評価対象会社が非上場会社である場合、ESGパフォーマンスが近似する類似会社や類似取引の選定が困難であることが多く、適用するマルチプルの調整が必要となるケースが多いと思われます。ただし、ESG関連の市場データや開示が未だ発展途上にある現状においては、必ずしも類似企業のマルチプル自体にESG要因が十分に反映されているとは言い難く、マルチプルの調整幅自体を推定することが困難な状況もあります。以上の観点から、ESGデータが蓄積され、有意な検証結果等に基づく実務が確立するまでは、特に、ESGリスクが高い評価対象会社のマーケットアプローチによる評価結果は、参考値としての取扱いとならざるを得ないものと考えられます。

▶コストアプローチへの適用

　コストアプローチにおける調整例としては、以下のような項目が挙げられます。

図表4-6-8　コストアプローチにおけるESG関連調整

■将来の環境政策等の影響による固定資産の耐用年数調整

■ESG対応にかかる未計上負債

■ESG対応で創出された無形資産

出所：KPMG FAS作成

▶ESG要素の反映にあたっての主な留意点

➤主観的なESG調整の排除

　評価対象会社と類似会社のESGパフォーマンスに重要な差異があり、インカムアプローチにおける割引率計算時の追加リスクプレミアムの適用や、マーケットアプローチにおけるマルチプルの調整が必要となる場合、市場データに基づく定量的かつ有意な実証研究結果が存在しない現状においては、実務的な容易さの観点から、投資家や評価者によって主観的に決定されたプレミアムやディスカウントなどの調整額を適用せざるをえないケースが多いと考えられます。

　ESG要素の取扱いに関する主観性を排除し明示的な根拠を文書化する観点から、ESG要素を定量化のうえキャッシュフローに反映することが推奨されるとともに、長期的データの蓄積や相関性を示す有意な実証研究結果等に基づくプレミアムやディスカウントの適用実務が早期に確立されることが期待されます。

➤ESGリスクおよび機会のダブル・カウント

　キャッシュフローに対して追加的なESGリスク調整額を適用する場合には、割引率に内包されるESGリスク要素がダブル・カウントされないよう注意が必要です。たとえば、EVシフトが急激に進展する自動車業界などESG要素の影響が大きい業界に属する会社の場合、同業界のβ値にはすでにE（環境）のリスクおよび機会が相応に織り込まれている可能性が高いと考えられます。

　同様に、割引率計算時に追加するESGプレミアムと、評価対象会社が属する業界のβ値にすでに反映されているE（環境）のリスクおよび機会がダブル・カウントされないよう、業界の特性に合わせた取扱いが必要です。

　加えて、割引率計算時に別途加算されるサイズプレミアム（評価対象会社の規模に応じて追加されるリスクプレミアム）については、たとえば、非上場の小規模会社にみられるガバナンスの脆弱性など、すでにいくつかのESG要素と重なる事項を包含していると考えられ、特に相応に小規模

図表4-6-9　ESGリスクおよび機会のダブル・カウント

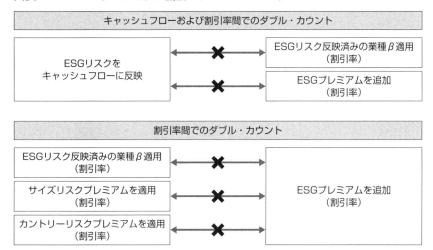

出所：KPMG FAS作成

163

な会社に対し高水準のサイズプレミアムを適用するケースにおいては、別途ESGプレミアムを追加することでESGリスクおよび機会がダブル・カウントされないよう、慎重な取扱いが必要となります。なお、同様の議論は、新興国の企業などに対しカントリーリスクプレミアムを適用するケースにも当てはまると考えられます。

➤キャッシュフローの予測期間

　一般的に、ESG活動への投資は短期的には企業にキャッシュフロー上のマイナスの影響を及ぼす一方、プラスの影響の発現には長期間を要することが想定されます。そのような点から、短期的なマイナス要因のみではなく、長期的な視点でプラス効果を推定のうえ、評価に織り込むことが重要です。その際、通常の評価実務における5年程度のキャッシュフロー予測期間では評価対象会社のESGに関連した将来の成長性を十分に反映できない可能性が高く、実態に応じて10〜20年など長期的なキャッシュフロー予測の検討も必要となる場合があります。

　ただし、国際財務報告基準（IFRS®）におけるのれんの減損テスト時の使用価値（事業価値に近い概念）評価では、原則としてキャッシュフロー予測期間は最長5年間と規定されているため、ESGへの取組み効果が長期に及ぶ企業の評価時のキャッシュフロー予測期間については、会計監査人との事前協議も含め、評価対象会社の実態に応じた慎重な取扱いが必要です。

➤永続成長率

　従来の評価実務においては、キャッシュフロー予測期間後の価値である継続価値について、継続企業を前提に、基礎となるキャッシュフローや割引率に対し予想インフレ率やGDP成長率などの一律の成長率を考慮して算定することが一般的です。ただし、ESGパフォーマンスが低い評価対象会社に対しては、標準的な成長率が長期的に維持されるものと見込むことは難しく、むしろマイナス成長となることや、事業の撤退など継続事業

の前提が成り立たないケースも想定されます。したがって、評価対象会社の実態に応じて、マイナスの永続成長率の採用や、そもそも継続価値を限定的に考慮するほうがよい場合があります。

　一方で、ESGパフォーマンスが高く、ESGへの積極的な取組みが高く評価されるなど長期的な成長が見込まれる評価対象会社については、従来の評価実務にて用いられる標準的な成長率よりも高い水準値を適用したほうがよい場合も考えられます。

➤シナリオ分析の必要性

　前述のとおり、個々のESG要素の重要性は所属業界や企業固有の事情により異なり、すべての要素が企業に一律の影響を及ぼすものではないため、各要素へのエクスポージャーに関しては評価対象会社ごとの個別検討が必要となります。加えて、各要素の影響額試算や、割引率計算時に追加するリスクプレミアムの水準に関する主観的な判断を排除する観点からは、TCFD提言にて推奨される気候変動のシナリオ分析と同様に、ESG要素の反映にあたりいくつかの異なるシナリオを構築のうえ、それらの発生確率を考慮した分析の実施が推奨されます。

図表4-6-10　ESG要素反映時の主な留意点

主観的なESG調整の排除	ESGリスクおよび機会のダブル・カウント
割引率への追加プレミアムやマルチプルのディスカウントではなく、可能な限りキャッシュフロー調整を実施	キャッシュフロー調整、β値、ESG追加プレミアムの関係に注意
キャッシュフローの予測期間	**永続成長率**
従来の評価実務よりも長期的なキャッシュフロー予測の検討	従来の永続成長率よりも高い成長率もしくはマイナスの成長率の適用

シナリオ分析の必要性
ESG調整に係る主観性排除の観点から、価値評価に関するシナリオ分析を推奨

出所：KPMG FAS作成

■本項のおわりに：ESGに係る評価実務の現状と今後

ESGへの取組みによる事業の不確実性の低下が投資家に安心感をもたらし、その結果、企業の資本コストが低下することで企業価値が増加するという考え方は、ESG経営と企業価値との関係を語るうえでのコンセンサスとなっています。その一方で、企業間のESGへの取組みの差が必ずしも株価のパフォーマンスを表すPER（株価収益率）の差としては反映されてはおらず、いまだESGパフォーマンスが十分に株価に織り込まれているとは言い難いのが実情です。

IVSCの調査結果[11]によれば、ESG要素の財務的インパクトを十分に数値化可能と答えた経営者は回答全体の4％程度にとどまります。また、評価実務者に対するESG要素の評価への反映状況に関するヒアリング結果においても、まったく考慮していない、もしくは部分的な考慮にとどまるといった回答が全体の80％超を占めています。統一的なESG評価フレームワークが存在しない現状においては、ESG要素の企業価値評価への反映実務はいまだ初期的な段階にあると言わざるを得ません。

ただし、今後さらなるESG投資の浸透に伴い各種データが蓄積され、また、2024年中にはIVSCによりESG要素の評価への反映に係る論点整理が提示される予定[12]である等、グローバルで統一的なESG要素の評価フレームワークが整理される予定であることを踏まえれば、近い将来、企業のESGパフォーマンスが株価により適切に反映されるようになるものと思われます。逆に言えば、ESGへの取組みが株価に十分に反映されているとは言い難く、ESGに係る評価実務が初期的な段階にある今こそが、経営者にとって、同業他社に先駆けてESG課題に率先して取り組み、それらを投資家に向け効果的に開示することにより、株式市場における先駆けとなるチャンスといえるのではないでしょうか。

---

11 「IVSC ESG Survey Results: Unlocking the Value of ESG」参照

12 同上

4-7

ESG PMI

ポストディールにおけるESG経営の実現

■ディール段階からの「成功の定義」の策定

▶PMI は In-Deal からはじまる

　企業価値向上のためのM&A実行にあたり、ESG視点では特にPMI（ポスト・マージャー・インテグレーション）の重要性が高まるのは本章5項に記載のとおりです。本項から、PMIの一般的な進め方に触れつつ、ESG視点を踏まえたPMIの留意事項を紹介します。

　PMIという言葉は、日本におけるM&Aの件数の増加および規模の拡大に伴い、広く知られるものとなりました。しかし、その意味が正しく理解されているか、というとそうではないケースも多く散見されます。ありがちな誤解としては、PMIを「買収後の統合作業」ととらえてしまう点が挙げられます。これはPost-Merger Integrationの直訳としては間違っていないのですが、PMIとは買収が完了してから実行するものである、というニュアンスとなってしまい、PMIの狭義の意味しかとらえられていません。

　PMIとは、**M&Aを成功させるために必要なアクションの総称**であるため、当然にして買収を実行する前にそのゴール（買収動機）と実現のための手段を具体的にイメージしておくことが必要です。

　KPMGが定期的に実施しているM&Aサーベイによると、M&Aを実施した多くの企業が、シナジー実現のための具体的な施策の検討、統合後ビジョンの検討をはじめとするPMIの重要アジェンダについて、M&A契約締結前に方向性を買収対象会社と合意すべきだった、と振り返っています。まさにこれは、**In-DealからPMIに着手することの重要性**を示していると

図表4-7-1　M&A契約締結前に方向性について合意すべきだった取組み

1位		シナジー実現のための 具体的な施策の作成・周知 24%	
2位		ターゲット企業（または事業）に対する 統合後ビジョンの作成・周知 15%	
3位		販売・マーケティングに関する 見直し・統廃合 12%	
4位		組織文化の融合・経営方針の浸透 10%	
5位		意思決定プロセスの 見直し・整備 （権限に関する規定を含む） 9%	マネジメント 人事の見直し 9%

（失敗案件　N＝102、複数回答可）

出所：KPMG FAS M&Aサーベイ

いえるでしょう。

　もちろんESGについても例外ではなく、買い手のESGに対するコミットメントに基づいて買収対象会社に求める事項とその程度については、In-Dealの時点からスタンスを固めておくことが求められます。

▶M&A成功の定義

　PMIという言葉に関するもう1つの誤解は、物理的に2つのものを1つにすると解釈してPMIの狭義の意味しかとらえられていないことです。M&Aを実施する、ないしは実施した企業から「うちは対象会社を買収した後も、すぐに何かを統合することは考えていない（だから急いでPMIを検討する必要はない）」というコメントが聞かれることがありますが、これはその典型です。

　PMIとは、「M&Aを成功させるために必要なアクションの総称」と定義するならば、「買収後にまず何が実現できたらこのM&Aは成功といえ

るのか？」という「**成功の定義**」を「買収実行前」の段階から明確にしておくことが大変重要となります。

　成功の定義は通常以下の5つの観点で検討します。

図表4-7-2　M＆A成功の定義

構成要素	検討すべき項目（例）
1　オーガニック（スタンドアロン）成長	中計：営業利益
	事業戦略・事業計画・KPI
	オペレーション
	セパレーションイシューへの対応
2　売上シナジー	中計：営業利益
	国内拡販の強化
	海外拡販の強化
	マーケティング戦略の統合
	パイプラインの拡充
	研究開発技術の融合
3　コスト効率化	中計：営業利益
	人件費の削減
	拠点費用の削減
	内製化によるコスト削減
	研究開発費の削減
	調達費の削減
	物流費の低減
4　ESG	環境
	社会
	ガバナンス
5　人材・風土	マネジメント層のエンゲージメント
	キーパーソンのリテイン（引き留め）
	従業員のモチベーション
	従業員層の企業文化の融合
	人材育成

出所：KPMG FAS 作成

　1つ目はスタンドアロン成長の視点です。M&Aの失敗事象として、買

収後の減損損失の計上がたびたび話題になりますが、経験則的には買収時に見込んでいたシナジーが発現しないことよりも、買収対象会社のスタンドアロンバリューが毀損したことのほうが減損損失計上の要因となるケースを多く見聞きします。買収対象会社がスタンドアロンベースで成長することは、M&Aの成功に欠かせない要素といえるでしょう。

　2つ目は売上シナジーの視点です。元来、売上シナジーはコストシナジーに比べて実現の不確実性が高く、その効果を事前に定量化することが難しいという特性があります。M&Aが活況となりマルチプルが高騰する状況下で買収金額を正当化するためには、一定の売上シナジーを見込むことが必要となるディールも多くあります。また、同一市場内において同業を取り込んでコスト効率化とシェア寡占化だけを狙うディールでない限り、成長につながる売上シナジーは成功の定義の一要素として不可欠です。

　3つ目はコスト効率化の視点です。通常、コストシナジーは、買い手がすでに有する資産やインフラを活用することで、買収対象会社を含めてコスト効率化を図るものです。日本企業が特に新規市場へM&Aによって進出を図る場合、対象市場において活用可能な資産やインフラがあまり存在しないことから、コストシナジーの優先順位が低下することがよくあります。一方でM&A後に価値向上を確実に実現している企業においては、買収後初年度でのコスト削減施策を徹底しているケースがほとんどです。当然そのためには、グループ全体での調達コスト削減や買収対象会社に移植可能なノウハウによる業務効率化など、買い手側がコスト効率化の十分なケイパビリティを有していることが前提となります。

　4つ目はESGの視点です。環境、社会、ガバナンスのそれぞれについて自社グループおよび買収対象会社を取り込んだ後のマテリアリティを考慮して、優先度の高い取組みテーマを設定します。買い手側に明確なESGポリシーが存在する場合は、それらを買収対象会社にも如何に導入していくかがポイントになりますが、導入の難易度は買収対象会社の成熟度によって大きく左右されます。買収対象会社が欧米の上場企業であれば、むしろ買い手よりも進んだESGポリシーを有していることもありますが、買

収対象会社が非上場企業等の場合、買い手のESGポリシーを導入する意味や必要性から説明することが求められたり、導入に想定以上の時間と労力を要したりすることも考えられます。また、異業種の企業を買収する際にはESGのマテリアリティが異なるため、会社としての優先順位付けの再定義が重要になってきます。ESG経営に向けては、その取組みを「成功の定義」のなかに確実に織り込んでいくことで、短期的にコスト増になったとしても長期的にその実現に向けて買収対象会社の経営層および従業員含めてコミットしていくことが重要です。

　5つ目は人材・風土の視点です。まず、買収後のリスクとして第一に考えられる買収対象会社キーパーソンの離職リスクに対する考え方や、PMIを推進していくうえで両社の経営陣および従業員がスムーズに協業できる関係性の構築や、買い手の持つミッション、ビジョン、バリューなどの価値観の共有に関する考え方なども整理しておきたいところです。

4-8 買収対象会社経営層の エンゲージメント

まずPMIの方針を定める必要がある

■トップ同士が一枚岩になる

　PMIを買収対象会社と開始するのはディールがクローズしたDay1からではなく、プレディールから段階的に開始することが好ましいとされます。

　その第一段階は、買収契約書（DA：Definitive Agreement）が締結されるなどのディールの成立確度が高まってきたタイミングとなります。自社のマネジメント（例：CEO、当該事業管掌役員）と買収対象会社マネジメントの間でDA締結後のPMIに向けて、自社側のビジョンや方針（成功の定義を含む）を買収対象会社のマネジメントと合意するために、トップ同士でのミーティングを実施します。これを「**エンゲージメント会議**」と呼びます。

　エンゲージメント（Engagement）とは、関与、誓約、契約などの意味を持つ単語ですが、人事領域では、「組織（企業）と個人（従業員）が信頼し合い、互いの成長に貢献し合うこと」を指します。これを踏まえて、買収対象会社のマネジメント（経営層）と買い手企業および買い手のマネジメントが相互に信頼し、自発的に貢献する関係を構築することを、**マネジメント・エンゲージメント**と呼んでいます。

　マネジメント・エンゲージメントが必要な理由は、多くの場合、まずは買収対象会社マネジメントと今後のPMIの進め方について意識合わせをしておかないと、その後の検討・実行がスムーズに進まないからです。意識合わせをする対象としては、まずPMIの方針が挙げられます。成功の定義をはじめとするPMIのゴールや時間軸、統合の度合いなど、トップ

172

図表4-8-1　マネジメント・エンゲージメント会議のアジェンダ例

◆ 理念・価値観、戦略ビジョン
　□ 自社のミッション・ビジョン
　□ 自社の中長期事業計画
◆ 当該事業の活動領域
　□ 自社との役割分担・すみわけ
　□ 海外子会社の関与
◆ 買収目的・期待シナジー
　□ 買収対象会社事業計画
　□ 期待するシナジー
　□ 達成を期待するKPI
◆ ESG
　□ ESGの各施策
◆ その他重点項目
　□ R&D
　□ 人材育成（後継者育成）等

◆ 親子間のガバナンス
　□ 子会社管理規程
　□ 会議体と権限の整備
　□ レポートラインの確認
　□ 取締役・出向者の派遣
◆ 処遇
　□ 給与、インセンティブ（短期・中長期）
◆ 要望事項
　□ 法令遵守（雇用契約他）
　□ クロージングBSの準備
　□ 決算体制の構築・連結パッケージ報告
　□ 内部統制（取引契約他）
◆ その他
　□ 想定するリスクとリスクへの対処

出所：KPMG FAS作成

同士ですり合わせをしたうえで現場に落とし込む必要があるテーマが数多くあります。

　次にPMIに割くリソースが挙げられます。PMIはディール以上に買収対象会社の多くの従業員の動員を必要とします（もちろん自社の従業員の関与も必要です）。買収対象会社のキャパシティによっては、買い手が期待するほどの体制を早期に構築することが難しいかもしれず、その場合は買い手からリソースを補完するのか、優先順位を調整するのか、時間軸を遅らせるのか、などの判断が求められます。これらの議論も、PMIのアジェンダやスケジュールを現場に落とし込む前にマネジメントレベルで意思統一しておくべき問題です。これらの議論をトップ同士で十分に行わずにPMIを見切り発車してしまうと、後々現場の関与メンバーから懸念や不満の声が上がってくることとなり、手戻りや非効率の原因となりかねません。

　ESGに関しても、中長期的な企業経営におけるメリット（企業価値向上）と短期的なデメリット（対応コストの増加）があるため、その方針をマネジメントレベルで合意しておくことが重要です。メリットとして投資家や

顧客からの評価向上をどの程度目指すのか、デメリットとしてESG経営のための取組みにどの程度のコストや労力と時間の投資を許容するのかなど、経営への影響が大きいテーマが存在します。

　エンゲージメント会議に買い手のマネジメントの参加が必須である理由は、買収対象会社からは必ずCEOやCFOをはじめとするマネジメントが参加してくるため、その場で同じ経営レベルの目線で議論ができ、さらには意思決定までもできるメンバーが買い手からも参加する必要があるためです。買い手からも、自社全体に大きな影響を与える規模のM&Aであれば CEO や経営トップに近い役員が参加することが必要ですし、規模がそれほど大きくない M&A であっても当該事業の責任者たる役員が参加すべきです。買収対象会社のマネジメント（特にCEO）の目線から考えると、CEO がまず把握したいのは「自分は誰に Report-to となるのか？」、つまり誰が自分の上司なのか、という点です。エンゲージメント会議には、買収対象会社CEOの上司となる自社の役員が参加すべきと考えるのがよいでしょう。

図表4-8-2　M&Aを契機としたESG対応水準の向上シナリオ

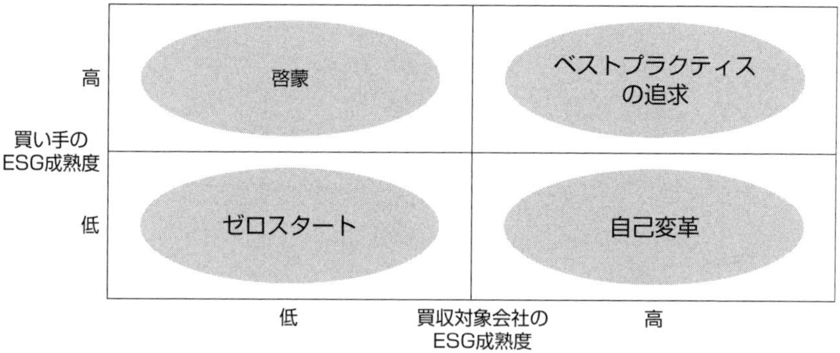

出所：KPMG FAS作成

■ESG視点を踏まえたPMIの実践

▶成熟度別ESG PMIのアプローチ

　M&Aは、外部の企業を自社グループに取り込むという大きな変化をもたらすものです。そのため、企業価値向上に向けたESG対応をレベルアップさせるには大変よい機会となります。自社と買収対象会社のESG対応の成熟度を把握したうえで、ESG対応水準の向上に向けたアプローチを検討していきます。

　まず、自社も買収対象会社もESG対応水準が低い場合には、経営統合をきっかけにゼロベースでESG対応を向上させていくことが有効です。たとえば、国内の同業同士が経営統合を実施するケースなどが想定されますが、統合によって企業規模や業界内でのポジションが大きくなるため、ESG対応に振り向ける経営リソースも増加しますし、ESG対応の責任も増すことになります。

　次に、買収対象会社に比べて自社のESG対応水準のほうが相対的に高い場合には、買収対象会社に対してESGの必要性や取組み手法について啓蒙・移植していくことで、グループ全体としての底上げを目指していきます。これはすでにESG対応が進んでいる日本企業が、まだESGへの意識が低い新興国の企業を買収する際に想定されるシナリオです。

　逆に、自社に比べて買収対象会社のESG対応水準のほうが相対的に高い場合には、買収対象会社から先進的なESG対応を学習し、自社の自己変革につなげていくことが肝要です。日本企業が、ESGでは先を行く欧州企業を買収する際などに想定されるシナリオです。

　最後に、自社および買収対象会社ともに、すでに一定水準のESG対応を実施しているケースにおいては、他社も含めた業界内外のベストプラクティスを取り入れることによって、より高次元のESG対応を目指していくことが求められます。

▶Post-DealにおけるESG PMIのステップ

　PMIにおけるESG対応のステップは3つに分けることができます。

M&Aを契機としたESG対応水準の向上シナリオには、前述のとおり4つのパターンが存在しますが、以下では私たちが支援するケースが多い「啓蒙」シナリオを例に解説します。

図表4-8-3 Post-DealにおけるESG PMIの検討ステップ

ステップ	Day 1 〜 Day90 現状把握・目標設定	Day90 〜 Year 1 実装	Year 1 以降 定着・運用
PMIアクション	・マテリアリティの再確認 ・買収対象会社の現状把握（ポストクロージングDD） ・目標設定（KPI設定）	・ESG施策の検討・実行 ・仕組み・体制の構築 ・ESG施策の進捗・効果のモニタリング	・仕組みの継続的運営 ・ESG経営の日常化 ・マテリアリティの再評価
リーダーシップ	・ESG理念の浸透	・価値観の共有	・継続的コミュニケーション

出所：KPMG FAS作成

•「現状把握・目標設定」ステップ

　Day1からDay90までのこのステップでは、M&Aが完了後のDay1から3か月間という期間のなかで、DDでは把握しきれなかった買収対象会社のESG上の課題をつぶさに把握すること、そして現状把握を踏まえて今後のESGの取組みにおける目標設定を行います。

　はじめに、改めて買収対象会社にとってのマテリアリティを再確認し、自社グループのマテリアリティとの整合性をチェックします。これはIn-Dealの段階での成功の定義を検討する過程で初期仮説として設定済みですが、クロージング後に買収対象会社の経営陣やESG担当者とオープンなコミュニケーションができるようになった時点で再度意識合わせを実施します。

　マテリアリティが特定されたら、マテリアリティごとの達成・進捗状況

の現状把握を実施します。通常、クロージング前のDDでは買収対象会社のすべての情報を把握することはできないため、M&A完了後にポストクロージングDDとして、再度把握しにいくことが必要です。ESGが「非財務情報」を扱うことや、中小規模の会社の多くは現状ではESGへの取組みが道半ばであることから、クロージング前のESGDDでの確認が限定的となってしまうのは本章5項に記載のとおりです。この現状把握においては、ESGの各テーマに沿ってどのような施策がどの程度実施されているか、どの程度の効果を上げているか、に加えて、DD時点では直接アクセスができなかった、より現場に近い中間層のESGに対する意識（例：ESGを自分ごととして取り組んでいるか、嫌々形だけ実施しているか）についても直接のコミュニケーションを通じて把握することが重要です。

　そして目標設定においては、買収対象会社単体（もしくは買収対象会社グループ）としてのESG目標、および自社グループ全体としてのESG目標を設定します。ESG目標はマテリアリティごとのKPIとして定義することが肝要です。このKPIは具体的に設定する必要があります。

・「実装」ステップ

　Day90からYear1までの「実装」ステップでは、Day90までの「現状把握・目標設定」ステップにて設定した目標を実現するための施策を、順次実行に移していきます。

　実際にあった例を挙げると、環境（E）に関する施策としては、環境DDにて認識された土壌汚染についてクロージング後に浄化等の解決策を実施したケースがあります。また、途上国の生産拠点では廃棄物対策が不十分であったものの、地方政府に賄賂を渡すことで見逃してもらっていた、という事例もあります。これは環境だけではなくガバナンスにも関連するテーマで、正しい環境対策として追加コストをかけて実施することで、環境対応および法的な面から問題のない状態に改善しました。

　社会（S）に関する施策としては、労働者の安全衛生の確保が挙げられます。この点は日本企業が従前より力を入れている分野でもあり、海外企業買収後にはレベルアップを図ることが多い領域です。買収対象会社の生

産現場に十分な明るさをもたらす照明を設置することで労働環境の改善を図ったケースがありました。このケースでは製品の品質や生産性も合わせて向上したので、リスクへの手当てのみならず、企業価値向上が収益性の向上を通じて明確に実現したといえます。逆に、日本企業がまだ改善の余地が大きいのがダイバーシティの観点です。女性管理職比率の増加などは一朝一夕には解決しない課題ですが早期の対応が求められます。

　ガバナンス（G）に関する施策としては、前述のとおり贈収賄などの汚職防止が挙げられます。特に、腐敗認識指数などから不正リスクが高いと考えられる国においては、上場企業といえども安心はできません。また、昨今、重要性が増しているのがサイバーセキュリティ対策です。サイバーセキュリティに限らず、日本企業は買収した海外企業はガバナンスポリシーの対象外にしているケースも散見されますが、ひとたびグループ会社となったからには「外部から買ってきた会社なので」「買収したばかりで内情を十分に把握できていなかった」という言い訳は通用しません。逆に、買収によって注目を浴びると考えておいたほうが無難です。

・「定着・運用」ステップ

　Year1以降のこのステップでは、これまでに実行に移している施策の継続的な取組みおよび進捗状況のモニタリングを行っていきます。施策の実行主体は関連する各部門で実施するとして、進捗状況のモニタリングは全施策をとりまとめて一元的に実施する必要がありますので、ESG担当部門が役割を担うことが求められます。買収対象会社内にも同種の部門を必要に応じて新設ないしは人員を増強して対応させることも必要です。また、自社の事業ポートフォリオを大きく転換することを企図した買収や新規事業の場合は、クロージングから2〜3年のスパンでマテリアリティの再評価を実施することが必要です。事業の進化に合わせて、自社グループにとってのESG課題そのものやその重要性が変化することが想定されるためです。

　加えて、Day1以降のESG PMIを円滑に計画・実行していくには、**買い手企業の経営層によるリーダーシップの発揮**が不可欠です。一時的にでは

なく継続的に買収対象会社に対してESG経営の必要性を説いていくために、ESG理念の浸透、その前提としての買い手企業側の価値観の共有など、さまざまな機会をとらえてコミュニケーションを図ることで繰り返し重要性を説明していくことが必要です。これらのアクションはまずは買い手企業の経営層を起点に開始し、それを中間層（ミドルマネジメント）から組織の末端まで広く行き渡らせるように落とし込んでいくことが必要になります。また、買収対象会社に対しても、同様にマネジメント・エンゲージメントの一環として説明を実施し、買収対象会社内でも経営層から中間層、中間層から組織の末端まで、と落とし込んでいくことが求められます。

第 5 章

ESG経営に向けた
コーポレートガバナンスのあり方

ESGの「G」と コーポレートガバナンス

すべての企業が取り組むべき課題

■コーポレートガバナンスはすべての企業が取り組むべき課題

　ESGのうち、E（環境）やS（社会）に係る課題の重要度が企業によって異なる（たとえば、温室効果ガスの排出量の多寡や、サプライチェーンにおける人権リスクの高低など）のに対して、G（ガバナンス）は、すべての企業が取り組まなければならない課題です。後述する**コーポレートガバナンス・コード**では、「『コーポレートガバナンス』とは、会社が、株主をはじめ顧客・従業員・地域社会等の立場を踏まえた上で、透明・公正かつ迅速・果断な意思決定を行うための仕組み」と定義されています。

　株主をはじめとしたステークホルダーに配慮し、環境や社会の課題に対処していくためには、健全なガバナンスは欠かせないものといえます。

　また、投資家（株主）による所有と経営者による経営が分離した一般的な企業（株式会社）では、コーポレートガバナンスは、「**企業経営の健全性確保と効率性実現を通じて、持続的な成長や中長期的な企業価値向上を下支えするための規律付けの仕組み**」ともとらえられます。制度上や任意の情報開示を通じて、経営者は企業経営に関する説明責任を果たすとともに、対話に資する情報を投資家に提供することで好循環を生むことが期待されています。この好循環を下支えするコーポレートガバナンスの実効性を確保するために、経営を監督する仕組みの設計・実効的な運用のほか、情報開示が大切な要素となります。

■コーポレートガバナンス・コードとは

　コーポレートガバナンス・コードは、東京証券取引所上場企業に求めら

れる「コーポレートガバナンスの指針（原則)」です。指針であり、「ルール」ではないので、自社の事情に照らして適切でないと考える原則があれば、「実施しない理由」を十分に説明することで、その原則を実施しないことも許容するもの（いわゆる「コンプライ・オア・エクスプレイン」と呼ばれるもの）です。

図表5-1-1　コーポレートガバナンス・コードの原則（2021年6月改訂後）

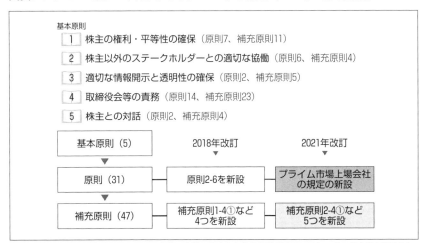

注：プライム市場上場会社については一段高い水準の内容を含む全原則の適用、スタンダード市場上場会社については全原則の適用、グロース市場上場会社については基本原則の適用が求められている（かっこ内の数字は原則・補充原則の数）。
出所：東京証券取引所「コーポレートガバナンス・コード」を基にKPMG FAS要約

　同コードは、企業におけるリスクの回避・抑制や不祥事の防止などの側面を過度に強調するのではなく、むしろ健全な企業家精神の発揮を促し、企業の持続的な成長と中長期的な企業価値の向上を図ることに主眼を置いています[1]。いわゆる「守りのガバナンス」だけではなく、「**攻めのガバナンス**」の実現を目指すものです。

1　コーポレートガバナンス・コードの策定に関する有識者会議「コーポレートガバナンス・コード原案」

5-2 コーポレートガバナンス・コードの主な内容

ESG経営への転換を「攻めのガバナンス」の視点から後押しする

■2021年6月改訂のポイントはサステナビリティ

　企業を取り巻く環境が激変するなかで成長を実現するには、各企業が課題を認識し変化を先取りしたうえで、スピード感を持って経営に取り組むことが重要です。こうした状況を踏まえて、企業がより高度なガバナンスを発揮することを後押しするために、2021年6月に「コーポレートガバナンス・コード」の改訂が行われました。

　具体的には、①取締役会の機能発揮、②企業の中核人材における多様性（ダイバーシティ）の確保、③サステナビリティ（同コードでは「ESG要素を含む中長期的な持続可能性」と定義）を巡る課題への取組み等が改訂・補充されています。サステナビリティ経営に関するステークホルダー

図表5-2-1　2021年6月コーポレートガバナンス・コード改訂の骨子

項目	詳細
取締役会の機能発揮	■独立社外取締役の選任、スキルマトリックスの開示 ■指名委員会・報酬委員会の設置・活用（独立性等）
企業の中核人材における多様性（ダイバーシティ）の確保	■取締役・経営陣・管理職等のダイバーシティ（ジェンダー・国際性・職歴・年齢等） ■多様性の確保に向けた人材育成方針・社内環境整備方針の開示
サステナビリティを巡る課題への取組み	■サステナビリティについての取組みや人的資本・知的財産への投資等の開示 ■プライム市場上場会社にTCFDに基づく開示を要請

出所：金融庁「コーポレートガバナンス・コードと投資家と企業の対話ガイドラインの改訂について」を基にKPMG FAS作成

の意識の高まりを受け、サステナビリティへの取組みが中長期的な企業価値向上につながるものとして、ESG経営への転換を「攻めのガバナンス」の視点から後押ししていることが読み取れます。

■コーポレートガバナンス・コードが求めていること

コーポレートガバナンス・コードは、5つの基本原則、31の原則および47の補充原則の3層で構成されています。以下では、サステナビリティに関する記載を中心に、2021年6月の改訂・補充箇所を含めた主要な論点について解説します。

▶基本原則1：株主の権利・平等性の確保

基本原則1は、企業が持続的な成長に取り組むためのベースとなります。企業を取り巻くさまざまなステークホルダーとの協働が必要ななかで、特に資本提供者である株主は重要な存在およびコーポレートガバナンスの規律における主要な起点であることから、株主の権利が実質的に確保される

図表5-2-2　基本原則1：株主の権利・平等性の確保

基本原則1	株主の権利・平等性の確保
上場会社は、**株主の権利が実質的に確保されるよう適切な対応**を行うとともに、**株主がその権利を適切に行使することができる環境の整備**を行うべきである。 また、上場会社は、株主の実質的な平等性を確保すべきである。 少数株主や外国人株主については、株主の権利の実質的な確保、権利行使に係る環境や実質的な平等性の確保に課題や懸念が生じやすい面があることから、十分に配慮を行うべきである。	

原則1-1 株主の権利の確保	原則1-2 株主総会における権利行使	原則1-3 資本政策の基本的な方針
原則1-4 政策保有株式	原則1-5 いわゆる買収防衛策	原則1-6 株主の利益を害する可能性のある資本政策
原則1-7 関連当事者間の取引		

◀ 株主の権利が確保されるための環境整備

出所：東京証券取引所「コーポレートガバナンス・コード」を基にKPMG FAS作成（太字は筆者によるもの）

ことが重要となります。

　そのために、株主総会において株主が適切な権利行使をできる環境整備が求められており（原則1-2）、これにより株主との対話が実現できることになります。

▶**基本原則2：株主以外のステークホルダーとの適切な協働**

　基本原則2に、「サステナビリティ（ESG要素を含む中長期的な持続可能性）が重要な経営課題であるとの意識が高まっている」との記述が追記されました。この認識が、「株主以外のステークホルダーとの適切な協働」をうたう基本原則2に位置付けられていることに、注目すべきでしょう。

図表5-2-3　基本原則2：株主以外のステークホルダーとの適切な協働

基本原則2	株主以外のステークホルダーとの適切な協働

上場会社は、会社の持続的な成長と中長期的な企業価値の創出は、従業員、顧客、取引先、債権者、地域社会をはじめとする**様々なステークホルダー**によるリソースの提供や貢献の結果であることを十分に認識し、これらの**ステークホルダーとの適切な協働**に努めるべきである。
取締役会・経営陣は、これらの**ステークホルダーの権利・立場や健全な事業活動倫理を尊重する企業文化・風土の醸成**に向けてリーダーシップを発揮すべきである。

原則2-1	原則2-2	原則2-3	原則2-4
中長期的な企業価値向上の基礎となる経営理念の策定	会社の行動準則の策定・実践	社会・環境問題をはじめとするサステナビリティを巡る課題	女性の活躍促進を含む社内の多様性の確保

原則2-5	原則2-6
内部通報	企業年金のアセットオーナーとしての機能発揮

サステナビリティ課題への対応が、中長期的な企業価値向上につながることに言及

実行にあたって多様な価値観が必要

取組み状況をステークホルダーとの対話に活用

出所：東京証券取引所「コーポレートガバナンス・コード」を基にKPMG FAS作成（太字は筆者によるもの）

　以下に、具体的に取り組むべき事項を紹介します。

> 補充原則2-3①「サステナビリティを巡る課題への積極的・能動的な
> 　対応」

　中長期的な企業価値の向上の観点から、サステナビリティに関する課題への対応は、リスク低減・収益機会にもつながる重要な経営課題として認識し、取組みを深めるべきとしています。サステナビリティ課題を適切に認識し対応するうえでは、取締役会において基本的な方針を策定する必要があります。ESG視点を織り込んだ経営戦略策定が重要であり、そのために、自社を取り巻く事業環境におけるサステナビリティ課題のマテリアリティの特定が必要であることが読み取れます。

> 原則2-4「女性の活躍促進を含む社内の多様性の確保」

　企業が不連続な変化を先導し、新たな成長を実現するうえでは、取締役会のみならず、経営陣にも多様な視点や価値観を備えることが求められています。もちろん、形式だけ対応するのではなく、何のための多様性の確保なのかに立ち返り、実質的な対応を取る必要があります。また、中核人材の登用等における多様性の確保に向けた人材育成方針・社内環境整備方針をその実施状況と併せて開示することが要請されています（補充原則2-4①）。

▶基本原則3：適切な情報開示と透明性の確保

　基本原則3では、会社の経営状態をどのように開示するかが示されており、**経営戦略のなかにサステナビリティが位置付けられる**との視点が改訂の際に追記されました。

　経営戦略の開示にあたり、自社のサステナビリティについての取組み（非財務情報）を適切に開示することが挙げられています（補充原則3-1③）。財務情報のみならず、非財務情報の開示が示されている点に注目すべきでしょう。

　特にプライム市場上場会社に対して、気候変動に係るリスク及び収益機会が自社の事業活動や収益等に与える影響について、TCFDまたはそれと

図表5-2-4　基本原則３：適切な情報開示と透明性の確保

基本原則３	適切な情報開示と透明性の確保
上場会社は、会社の財政状態・経営成績等の財務情報や、**経営戦略・経営課題、リスクやガバナンスに係る情報等の非財務情報**について、法令に基づく開示を適切に行うとともに、法令に基づく開示以外の情報提供にも主体的に取り組むべきである。 その際、取締役会は、開示・提供される情報が株主との間で建設的な対話を行う上での基盤となることも踏まえ、そうした情報**（とりわけ非財務情報）**が、正確で利用者にとって分かりやすく、情報として有用性の高いものとなるようにすべきである。	

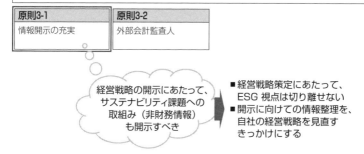

原則3-1	原則3-2
情報開示の充実	外部会計監査人

経営戦略の開示にあたって、サステナビリティ課題への取組み（非財務情報）も開示すべき

■ 経営戦略策定にあたって、ESG視点は切り離せない
■ 開示に向けての情報整理を、自社の経営戦略を見直すきっかけにする

出所：東京証券取引所「コーポレートガバナンス・コード」を基にKPMG FAS作成（太字は筆者によるもの）

同等の枠組みに基づく開示の質と量の充実が期待されています。

　サステナビリティを巡る課題への取組みにあたっては、推進体制の見直しも必要となります。取締役会の下または経営陣の側に、いわゆるサステナビリティ委員会を設置するなど、サステナビリティに関する取組みを全社的に検討・推進するための枠組みの整備が重要となります。

　なお、東京証券取引所が開示した「コーポレートガバナンス・コードへの対応状況（2022年7月14日時点）」によると、企業価値向上に向けて自社に重要と考えられるサステナビリティ課題への取組みの開示が進展しており、「ダイバーシティ・多様性」「従業員・社員」「人的資本」など**人的資本関連項目を重要なサステナビリティ課題ととらえる会社が多い傾向に**あります。

▶基本原則４：取締役会等の責務

　基本原則４では、取締役会の機能発揮、すなわち、取締役会が経営者に

図表5-2-5　基本原則４：取締役会等の責務

基本原則４	取締役会等の責務

上場会社の取締役会は、**株主に対する受託者責任・説明責任**を踏まえ、会社の持続的成長と中長期的な企業価値の向上を促し、収益力・資本効率等の改善を図るべく、

(1) 企業戦略等の大きな方向性を示すこと

(2) 経営陣幹部による適切なリスクテイクを支える環境整備を行うこと

(3) **独立した客観的な立場から、経営陣（執行役及びいわゆる執行役員を含む）・取締役に対する実効性の高い監督を行うこと**

をはじめとする役割・責務を適切に果たすべきである。

こうした役割・責務は、監査役会設置会社（その役割・責務の一部は監査役及び監査役会が担うこととなる）、指名委員会等設置会社、監査等委員会設置会社など、いずれの機関設計を採用する場合にも、等しく適切に果たされるべきである。

原則4-1/4-2/4-3	原則4-4	原則4-5	原則4-6
取締役会の役割・責務	監査役及び監査役会の役割・責務	取締役・監査役等の受託者責任	経営の監督と執行

原則4-7	原則4-8	原則4-9	原則4-10
独立社外取締役の役割・責務	独立社外取締役の有効な活用	独立社外取締役の独立性判断基準及び資質	任意の仕組みの活用

原則4-11	原則4-12	原則4-13	原則4-14
取締役会・監査役会の実効性確保のための前提条件	取締役会における審議の活性化	情報入手と支援体制	取締役・監査役のトレーニング

取締役会に求められている機能（追加）
- サステナビリティ課題への取組み方針の策定
- 事業ポートフォリオ戦略の実行の監督

- 独立社外取締役の活用（4-7/4-8）
- 任意の仕組みの活用（4-10）
- 取締役会の多様性（4-11）

出所：東京証券取引所「コーポレートガバナンス・コード」を基にKPMG FAS作成（太字は筆者によるもの）

よる迅速・果断なリスクテイクを支え、重要な意思決定を行うとともに、実効性の高い監督を行うべきということが示されています。サステナビリティ課題という、これまでとは異なる視点が含まれるESG経営を実践するために、取締役会の機能はますます重要となっています。2021年の改訂時に追加された補充原則４-２②において、「取締役会は、中長期的な企業価値の向上の観点から、自社のサステナビリティを巡る取組みについて基

本的な方針を策定すべきである」とあり、ここでも、サステナビリティが中長期的な企業価値向上につながる経営課題であることが確認できます。

さらに、取締役会は、人的資本・知的財産への投資等の経営資源の配分や事業ポートフォリオ戦略の実行の監督を行うべきことも追加されました（補充原則4-2②）。

このような取締役会の機能発揮をより実効的なものとする観点から、以下が示されています（原則4-8、4-10）。

- 「一定数の独立社外取締役の選任と有効な活用」
- 「独立した指名委員会・報酬委員会等の活用による統治機能の充実」

また、中長期的な経営の方向性を監督するにあたって、取締役会には多様な視点や価値観を備えることが求められています。経営戦略に照らして備えるべきスキル等を特定したうえで、取締役会の全体としての知識・経験・能力のバランス、多様性および規模に関する考え方を定め、各取締役の知識・経験・能力等を一覧化したいわゆる「**スキル・マトリックス**」等の形で適切に開示することが要請されています（補充原則4-11①）。

▶基本原則5：株主との対話

基本原則5では、自社の経営戦略を適切に株主に伝え、フィードバックを受ける、「**建設的な対話**」の重要性が示されています。

また、株主との実際の対話の対応者（経営陣幹部、社外取締役を含む取締役または監査役）や、対話の手段（投資家説明会やIR活動の充実など）等を含む建設的な対話を促進するための方針を検討・開示すべきことも示されています（補充原則5-1①～③）。

加えて、経営戦略等の策定・公表にあたって、「事業ポートフォリオに関する基本的な方針や事業ポートフォリオの見直しの状況」についてわかりやすく示すことが挙げられています（補充原則5-2①）。ここで事業ポートフォリオ管理に言及していることは注目でしょう。保有資源を有効活用し、中長期的に資本コストに見合うリターンを上げるために、設備投資や人的資本への投資が戦略的・計画的に行われているかが、持続的な発展

図表5-2-6　基本原則5：株主との対話

基本原則5	株主との対話
上場会社は、**その持続的な成長と中長期的な企業価値の向上**に資するため、株主総会の場以外においても、**株主との間で建設的な対話**を行うべきである。 経営陣幹部・取締役（社外取締役を含む）は、こうした対話を通じて株主の声に耳を傾け、その関心・懸念に正当な関心を払うとともに、**自らの経営方針を株主に分かりやすい形で明確に説明**しその理解を得る努力を行い、株主を含むステークホルダーの立場に関するバランスのとれた理解と、そうした理解を踏まえた適切な対応に努めるべきである。	

原則5-1	原則5-2
株主との建設的な対話に関する方針	経営戦略や経営計画の策定・公表

事業ポートフォリオ管理の具体的な説明を要請

持続的な企業の発展にあたっては、ESG視点を反映する必要あり

出所：東京証券取引所「コーポレートガバナンス・コード」を基にKPMG FAS作成（太字は筆者によるもの）

および中長期的な企業価値向上のためには重要であり、この点に株主が着目していることを強調しています（なお、事業ポートフォリオ管理の考え方については第4章1項を参照）。

ステークホルダーとの対話を通じた価値創造ストーリーの共有

社会課題の解決と企業価値向上を結びつけていくために

■ステークホルダーとの対話によりSXを加速

　本書でここまで述べてきたESG経営やSXは、企業による努力のみで完結できるものではありません。ESG課題には、これまで経済合理性が見いだせなかったことで取り残されてきたものも多く、これらの課題解決を通じて利益を生み出すことは元来、困難な場合もあります。したがって、課題の解決と経済合理性を両立させる革新的なビジネスモデルの構築に粘り強く取り組む必要があります。この点、企業経営や投資行動が短期志向に陥ると、中長期的な目線でイノベーションに取り組み、事業として成立させることが難しくなってしまいます。

　そういった問題を乗り越え、経済合理性と社会の持続可能性の双方に対応していくために、企業は株主・投資家や取引先、顧客などさまざまなステークホルダーと、**建設的・実質的な「対話」**を通じて、中長期的かつ持続的な価値創造のストーリーを共有しその実現性を高めていくことが必要となります。対話を進めることで、従来の企業経営の延長線上にはない非連続的な変革を幅広いステークホルダーと共有することができるとともに、トランスフォーメーションを加速することができると考えられます。

■投資家と企業の対話

　企業の経営者にとって、ステークホルダーのなかでも投資家（機関投資家をはじめとした株主）との対話を通じて彼らの視点を知ることは、資本提供者の企業に対する期待や要求を理解し、持続的な成長を達成するための意識を高めるうえで重要です。他方、前項までで説明してきたとおり、

コーポレートガバナンスの実効性を高め中長期的な企業価値向上や持続的成長を促すためには、投資家の側からも企業との対話の質を向上させていく必要があります。

▶日本版スチュワードシップ・コード

「『責任ある機関投資家』の諸原則」、いわゆる日本版スチュワードシップ・コードは、機関投資家が、顧客・受益者と投資先企業の双方を視野に入れ、「責任ある機関投資家」として建設的な「目的を持った対話」（エンゲージメント）等を通じてスチュワードシップ責任[2]を果たすにあたり有用と考えられる諸原則を定めています。

図表5-3-1　日本版スチュワードシップ・コードの原則

原則	原則 8　指針 33
投資先企業の持続的成長を促し、顧客・受益者の中長期的な投資リターンの拡大を図るために、	
1	機関投資家は、スチュワードシップ責任を果たすための「**基本方針**」を策定し、公表すべき
2	機関投資家は、「**利益相反の方針**」を策定し、公表すべき
3	機関投資家は、**投資先企業の状況**を的確に把握すべき
4	機関投資家は、建設的な「**目的を持った対話**」を通じて、投資先企業と認識の共有を図るとともに、問題の改善に努めるべき
5	機関投資家は、「**議決権の行使と行使結果の公表について明確な方針**」を持つとともに、議決権行使の方針について工夫すべき
6	機関投資家は、議決権の行使も含め、スチュワードシップ責任をどのように果たしているのかについて、原則として、**顧客・受益者に対して定期的に報告**を行うべき
7	機関投資家は、投資先企業の理解に加えサステナビリティの考慮に基づき、当該企業との対話やスチュワードシップ活動に伴う判断を適切に行うための**実力を備える**べき
8	**機関投資家向けサービス提供者**は、適切にサービスを提供し、インベストメント・チェーン全体の機能向上に資するものとなるよう努めるべき

出所：金融庁「責任ある機関投資家」の諸原則≪日本版スチュワードシップ・コード≫を基にKPMG FAS要約

2　日本版スチュワードシップ・コードでは、「機関投資家が、投資先企業やその事業環境等に関する深い理解のほか運用戦略に応じたサステナビリティ（ESG要素を含む中長期的な持続可能性）の考慮に基づく建設的な『目的を持った対話』（エンゲージメント）などを通じて、当該企業の企業価値の向上や持続的成長を促すことにより、『顧客・受益者』（最終受益者を含む。以下同じ。）の中長期的な投資リターンの拡大を図る責任」と定義されています。

基本的に、機関投資家が日本の上場株式に投資を行う場合を念頭に置いている（一部原則は議決権行使助言会社等に対しても適用される）ものです。ルールではなく、本コードの趣旨に賛同しこれを受け入れる用意がある機関投資家はその旨を表明（公表）することが期待され、金融庁は受け入れを表明した機関投資家のリストを毎月末更新しています。

図表5-3-2　コーポレートガバナンス・コードとの関係

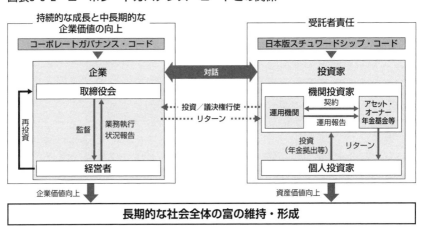

出所：KPMG FAS作成

■「投資家と企業の対話ガイドライン」

　2018年6月に金融庁から公表された本ガイドラインは、日本版スチュワードシップ・コードおよびコーポレートガバナンス・コードが求める機関投資家と企業の対話において、重点的に議論することが期待される事項を取りまとめたものです。2021年6月に本ガイドラインが改訂された際には、**サステナビリティの取組みの推進を促す内容等が追加**されました。

　このような原則やガイドラインを踏まえ、投資家等との中長期的な企業価値の向上に資する対話（エンゲージメント）を深めることにより、自社の経営理念やビジョン、それを実現するための戦略、ガバナンス体制などから構成される価値創造ストーリーの実効性を高めていくことができると

考えられます。

図表5-3-3　両コードと「投資家と企業の対話ガイドライン」の関係

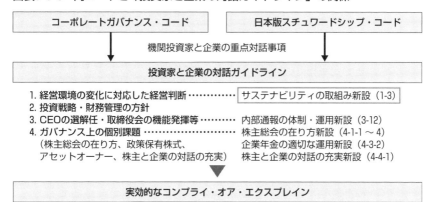

出所：KPMG FAS作成（かっこ内の数字は「投資家と企業の対話ガイドライン」の項番号）

　そのためには、サステナビリティ関連情報等の非財務情報の開示をめぐる国内外の動向を適切に理解し、それらに準拠することが目的化したり紋切型の情報開示とならないように、自社の価値創造ストーリーに根ざした情報開示をしていくことが、投資家との建設的な対話を行っていくうえで重要となります。

　次章では、投資家との建設的で質の高い対話につなげるための情報開示の基準やフレームワークについて、国内外の動向をみていきます。

第 **6** 章

サステナビリティ情報の開示を通じた
ESG経営の実践

サステナビリティに関する
情報開示の重要性の高まり

能動的に取り組むことで企業価値向上につながる

■非財務情報は企業にも投資家にとっても重要

　前章で説明した企業と投資家の間のサステナビリティに関する建設的な対話を促進するためには、投資家が従来から重要視してきた財務情報のみならず、企業活動が環境・社会・経済に及ぼす影響も含んだ「**非財務情報**」を適切に開示することの重要性が高まっています。

　非財務情報を重視することの本質は、自社にとって重要なESG分野の外部環境変化を分析・評価し、中長期的視野で取り組むことによって企業価値の持続的向上につなげることにあります。したがって、気候変動などの外部環境変化がもたらすリスクと機会の探索にどのように取り組んでいるかを開示することは、報告者である企業にとっても、情報の利用者である投資家にとっても重要となっています。

　世界最大の資産運用会社である米ブラックロック社が、2020年1月の「フィンク・レター」(同社のラリー・フィンクCEOが投資先企業のCEOに

図表6-1-1　サステナビリティ情報が求められる背景

- ■財務情報だけでは企業の姿を十分に説明することができない
- ■不確実性の高い非連続な事業環境変化のなか、経営者の意思を価値創造ストーリーとして示す意義が高まってきている
- ■投資家の意思決定のために必要な情報(主として財務的な価値ではないインタンジブルズ)が不足している

環境・社会課題を企業の長期的な価値実現と結びつけて報告を行うことは、投資家・経営者双方の意思決定に不可欠

出所:KPMG FAS作成

毎年年初に送っている書簡）のなかで、サステナビリティリスク、なかでも気候変動リスクは投資リスクであるとして、すべての投資先企業に対し、TCFDとSASB（第2章3項を参照）に沿った情報開示を求めているのも、このような背景によるものと考えられます。

コラム：統合報告書と〈IR〉フレームワーク

　非財務情報を開示する代表的な媒体としては、**統合報告書（統合レポート）**が挙げられます。広い意味での統合報告書（タイトルや編集方針等で統合報告書であることや財務情報・非財務情報双方を記載していることを言及していたり、企業価値創造に関する報告を意識しているレポート）を発行する国内企業は、2022年には884社[1]にのぼっています。

　これらの広義の統合報告書の多くは、「〈IR〉フレームワーク」を参照して作成されています。〈IR〉フレームワーク（旧・国際統合報告フレームワーク）は、国際統合報告評議会（IIRC）[2]が2013年に公表（2021年に改訂）した、統合報告書作成の基本的な考え方を示す7つの「指導原則」と開示内容を示す8つの「内容要素」等を規定したフレームワークです（〈IR〉フレームワークに準拠して作成されたものが狭義の統合報告書といわれます）。

　同フレームワークは、過去の財務情報やCSR活動の結果等を中心とした従来の情報開示とは異なっています。企業がビジネス環境の変化を見通し、それに伴うビジネスリスクや機会を踏まえて、持続的な成長を実現するための中長期戦略に関する一貫性があり簡潔な報告を行うことで、投資家等のステークホルダーに、自社の過去・現在・将来の姿についての適切な理解を促すことができる、との考えに基づいています。

　また、企業は、6つの資本（財務資本、製造資本、知的資本、人的資本、社会・関係資本、自然資本）の相互関係によって価値を生み出しており、その価値創造プロセスは多様なステークホルダーとの関係性にも大きく依存していることを示している点も特徴的です。これらの考え方に沿って、統合報告書の序盤に自社の価値創造プロセスを図示している企業も多くみられます。

　以上のような統合報告のフレームワークを踏まえて作成された統合報告書は、単なる情報開示を超えて、企業の持続的な価値創造に焦点を当てた対話の有効なツールとなりうるものと考えられます。

1 KPMGジャパン「日本の企業報告に関する調査2022」
2 IIRCは2021年6月にSASBと合併しValue Reporting Foundation（VRF）を設立、その後2022年8月にVRFはIFRS財団に統合されました。

199

6-2 サステナビリティ情報開示を巡る国内外の動向

EUや米国での開示基準の動向から目が離せない

　第2章5項等で説明したとおり、気候変動の分野では、2017年6月にTCFD提言が公表されて以降、同フレームワークを活用した情報開示に取り組む企業が増加しています。

　加えて、サステナビリティ全般に関する取組みが企業経営の中心的な課題として認識されるようになったことを受けて、サステナビリティ情報の開示基準やフレームワークの検討が急ピッチで進められています。

　以下では、これまでに触れたTCFD提言やSASBスタンダード等の他に、今後注目すべき主な国内外の動向を説明していきます。

■ISSBによるIFRSサステナビリティ開示基準

　2021年11月に、国際財務報告基準（IFRS）の策定を担うIFRS財団により、サステナビリティに関する国際的な開示基準を策定することを目的としてISSB（International Sustainability Standards Board：国際サステナビリティ基準審議会）が設立されました。ISSBは2023年6月に、「IFRSサステナビリティ開示基準」の最初の2つの基準を公表しています。

▶「サステナビリティ関連財務情報の開示に関する全般的な要求事項（IFRS S1)」

　IFRS S1は、企業価値の評価に有用な、サステナビリティ関連の重要なリスクと機会に関する情報の開示を企業に求めています。開示内容は、ガバナンス、戦略、リスク管理、指標と目標というTCFDの4つの分野が中心となります。また、個別分野の開示内容はその他のIFRSサステナビ

リティ開示基準（例：IFRS S2）で設定することや、個別の基準がない場合には他の基準・フレームワークを参照（リスクと機会の識別にはSASBスタンダード等を考慮）することとされています。

▶「気候関連開示（IFRS S2）」

　IFRS S2は、気候関連のリスクと機会が企業価値に与える影響を投資家が評価できるような情報開示を企業に求めています。IFRS S1と同様にTCFD提言と整合するものですが、追加的およびより詳細な情報開示が求められています。たとえば、戦略に関してはリスクと機会が財政状態、財務業績、キャッシュフローに与える影響の詳細やカーボンオフセットの使用についての開示、指標と目標に関してはスコープ3排出量の開示や業種別指標の開示などが必要とされており、企業の開示対応は現状より増加することになります。

図表6-2-1　IFRS S1とS2の関係性

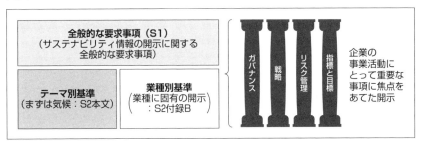

出所：IFRS S1およびS2を基にKPMG FAS作成

　IFRSサステナビリティ開示基準を各国・地域の基準として採用するかどうかはそれぞれの政策・規制当局によって決定されますが、多くの国・地域において同基準が徐々に採用されていくことが期待されています。また、一部の上場企業等では、投資家や社会の期待に応じる形で、自発的に本基準を採用する可能性もあります。

■EU：CSRD・ESRS

　EUでは、欧州委員会が2021年4月に、従来の非財務情報の開示基準で
あった非財務情報報告指令（NFRD）を改訂する新指令として、**CSRD**
（Corporate Sustainability Reporting Directive：企業サステナビリティ報
告指令）を公表しました。2022年11月には、CSRDの開示要件の詳細を定
める**ESRS**[3]（European Sustainability Reporting Standards：欧州サステ
ナビリティ報告基準）案が公表され、2024年1月からの発効を目指し最終
化が進められています。

図表6-2-2　CSRDの主な開示項目（概要）

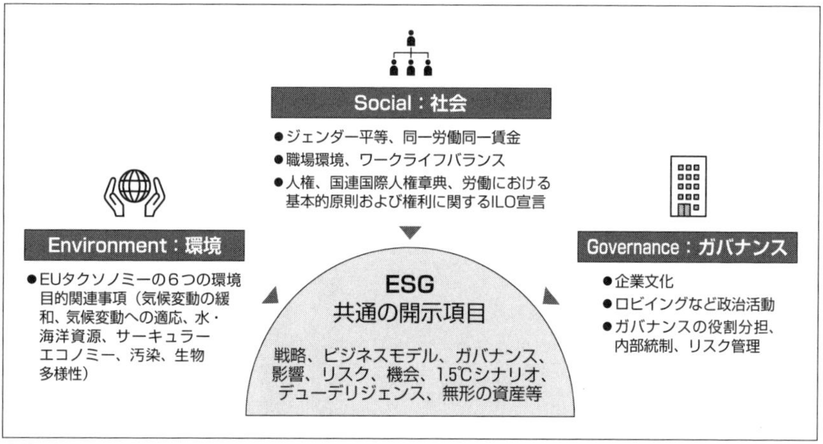

出所：Corporate Sustainability Reporting Directiveを基にKPMG FAS作成

　CSRDとESRSは、現在開発されているサステナビリティ情報の開示規
制のなかで最も進んでいるといわれています。開示すべき項目は、TCFD

3　欧州委員会は、2021年4月に新指令として、CSRDの案を公表しました。EUの法令に
　は主なものに指令（Directive：D）と規則（Regulation：R）の2種類があります。また、
　法令の種類とは別に3段階のレベル分けがあり、レベル1に該当するCSRDでは、ESG
　共通の開示項目およびE・S・Gそれぞれの開示項目を大枠で示しています。レベル2
　に該当する具体的なサステナビリティ開示基準であるESRS（案）は、136項目にもお
　よぶ開示項目を対象企業に要請しています。

提言やIFRSサステナビリティ開示基準に基づく開示要求と重複する部分もあるものの、広範にわたることから、企業に多大な負担がかかると想定されます。

▶日本企業への影響および今後の見込み

　CSRDの適用対象企業としては、EU域内市場の上場会社および銀行等に加えて、非上場の大規模EU現地法人並びに域外企業も予定されています（免除規定あり）。したがって、**グローバルに展開する日本企業も適用対象となる可能性**があります。まずは、欧州子会社が適用対象となるかの確認が第一歩となります。

■米国：SECによる気候関連開示に関する提案

　米国では、米国証券取引委員会（SEC）が、2020年8月、規則改正により上場会社に対して人的資本に関する情報開示を義務付けました。また、気候関連情報等に係る報告制度の見直しについて検討を進めており、2022年3月に、**気候関連開示に関する公開草案**を公表しています。同公開草案は、SEC届出書類において気候関連情報（勘定科目ごとの財務的な影響指標、細分化された支出指標、財務上の見積りと前提条件など）を開示する旨を要求することを提案するものであり、TCFD提言やGHGプロトコルの内容が基礎とされています。SEC登録企業のバリューチェーンを構成する、SEC非登録企業にも影響が波及する可能性があるため、動向を注視する必要があります。

■日本：有価証券報告書におけるサステナビリティ情報の開示

　わが国では、2022年6月に公表された金融審議会ディスクロージャーワーキング・グループ報告における提言を受け、2023年1月に金融庁により、**有価証券報告書においてサステナビリティ情報等の開示を求める法令の改正が公表され**、2023年3月期に係る有価証券報告書より適用されています。

図表6-2-3　有価証券報告書におけるサステナビリティ開示の概観

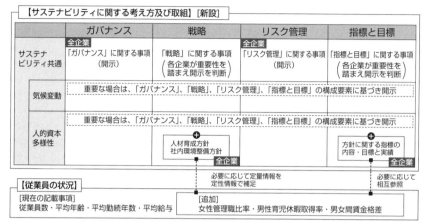

【サステナビリティに関する考え方及び取組】[新設]				
	ガバナンス	戦略	リスク管理	指標と目標
サステナビリティ共通	全企業 「ガバナンス」に関する事項 （開示）	「戦略」に関する事項 各企業が重要性を 踏まえ開示を判断	全企業 「リスク管理」に関する事項 （開示）	「指標と目標」に関する事項 各企業が重要性を 踏まえ開示を判断
気候変動	重要な場合は、「ガバナンス」、「戦略」、「リスク管理」、「指標と目標」の構成要素に基づき開示			
人的資本 多様性	重要な場合は、「ガバナンス」、「戦略」、「リスク管理」、「指標と目標」の構成要素に基づき開示			
		➕ 人材育成方針 社内環境整備方針 全企業		➕ 方針に関する指標の 内容・目標と実績 全企業

必要に応じて定量情報を　　　　　　必要に応じて
定性情報で補足　　　　　　　　　　相互参照

【従業員の状況】
[現在の記載事項] 従業員数・平均年齢・平均勤続年数・平均給与
[追加] 女性管理職比率・男性育児休暇取得率・男女間賃金格差

出所：金融庁「サステナビリティ情報の記載欄の新設等の改正について（解説資料）」に基づいてKPMG FAS作成

■本項のおわりに：ESG経営の実践に向けた企業の対応の方向性

　上述のような国内外におけるサステナビリティ情報の開示要請の拡大により、多くの企業は多大な負担を強いられることが想定されます。しかし、それらを単に「情報開示」ととらえて対応するのではなく、対応プロジェクトを通じて、自社と社会のサステナビリティ課題に向き合い、自社の持続的な成長と中長期的な企業価値の向上につなげていくことが重要です。

図表6-2-4　サステナビリティ基準への対応を企業価値の向上につなげるために

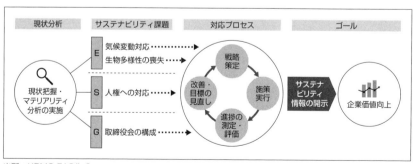

出所：KPMG FAS作成

経営に関わるあらゆる視点のなかに、サステナビリティ・ESGの要素が深く浸透し一体化している認識を強く持ち、何が自社の企業価値向上に関係しているかを考え抜いて自社のサステナビリティに関する戦略を策定するとともに、それらをどのように開示し、ステークホルダーと対話していくのか、前述の情報開示基準等の動向も踏まえて、検討することが必要な時代となっています。

索　引

さ行

た行

な行

は行

○執筆者略歴

総合監修
岡田　光（おかだ　ひかる）　**代表取締役パートナー**
KPMGジャパンおよびASPAC地域のディールアドバイザリー業務統括パートナー
1995年よりコーポレートファイナンス業務に従事。M&A案件におけるフィナンシャル・アドバイザーとして、ディールの開発と実行支援、企業価値評価、ストラクチャリング等の業務において数多くの案件関与実績を有する。1995年以前は、KPMGニューヨーク事務所にて米国企業ならびに日本企業の監査業務、コンサルティング業務を担当。『M＆Aがわかる』（日経文庫、共著）など著書多数。

吉野　恭平（よしの　きょうへい）　**執行役員パートナー**　（第2章4項、第4章5項、第5章、第6章）
KPMGサステナブルバリュー・ジャパン（SVJ）事務局
15年間200件超のM&A案件に関与。2021年よりKPMGジャパンにおけるESG関連アドバイザリー業務の事務局に参画。KPMGに蓄積されたESGリスクのアセスメント手法を活用したESGデューデリジェンスを開発し、M&A案件において提供。著書として『プライベート・エクイティとESG』（きんざい、共著）。公認会計士。慶應義塾大学経済学部卒業。

永田　祐介（ながた　ゆうすけ）　**ディレクター**　（第2章3項・4項、第4章5項、第5章、第6章）
Big 4監査法人を経てKPMG FASに入社。財務デューデリジェンスを中心としたM&A関連業務に従事した後、KPMG FASにおけるESGチームの専任メンバーとして、サステナビリティ戦略の策定・高度化の支援やM&A案件におけるESGデューデリジェンス等のESGアドバイザリー業務に注力している。公認会計士。早稲田大学教育学部卒業。

犬飼　珠美（いぬかい　たまみ）　**シニアマネージャー**
Big 4監査法人を経てKPMG FASに入社。財務デューデリジェンスを中心としたM&A関連業務に従事しつつ、KPMG FASにおけるESGチームのメンバーとして、M&A案件におけるESGデューデリジェンスやサステナビリティ戦略の策定・高度化の支援等のESGアドバイザリー業務に注力している。公認会計士。一橋大学経済学部卒業。

執筆者
井口　耕一（いぐち　こういち）　**執行役員パートナー**　（第1章、第3章1項～6項）
KPMG SVJ / ESG Strategy, Transformation & Implementationリーダー
コンサルティング会社、投資会社を経て現職。事業戦略立案、新規事業開発、M＆A推進、事業再生などに携わる。著書に『CFOの実務―企業価値向上のための役割と実践』（東洋経済新報社、共著）、『合併・買収の統合実務ハンドブック』（中央経済社、共著）、『紛争鉱物規制で変わるサプライチェーン・リスクマネジメント』（東洋経済新報社、共著）、『モビリティ リ・デザイン 2040』（日経BP　日本経済新聞出版、共著）等がある。早稲田大学卒業。同大学院経営学修士課程修了。

山田　和人（やまだ　かずひと）　**エグゼクティブディレクター**　（第2章1項・2項・5項・6項）
IPCC設立翌年の1989年より、大手コンサルティング会社において、地球温暖化を中心とする地球環境問題の業務に着手し、アジア太平洋地域を中心とする気候変動・地球温暖化対策に関するコンサルティング業務に従事。専門は地球温暖化・気候変動の緩和策、および水質、土壌等をはじめとする環境問題全般。日本以外では、中国、東南アジア諸国、南太平洋島嶼国を対象とした気候変動分野の業務経験が豊富。

藤森　眞理子（ふじもり　まりこ）　**ディレクター**　（第2章1項・2項・5項・6項）
IPCC設立翌年の1989年より、大手コンサルティング会社において、地球温暖化を中心とする地球環境問題の業務に着手し、アジア太平洋地域を中心とする気候変動・地球温暖化対策に関するコンサルティング業務に従事。専門は気候変動の影響への脆弱性評価と適応策、および土地利用・自然資源等の環境問題全般。日本以外では、中国、東南アジア諸国を対象とした気候変動分野の業務経験が豊富。

岡本　准（おかもと　じゅん）　**執行役員パートナー**　（第2章4項）
KPMGジャパン　製造セクター統轄パートナー
ROIC経営、技術経営、スタートアップ投資戦略、イノベーションマネジメント、といった経営変革案件が専門。著書に『実践CVC』『実装CVC』（以上、中央経済社、共著）、『ROIC経営 実践編』（日経BP　日本経済新聞出版、共著）。

鵜飼　成典（うかい　なりみち）　**執行役員パートナー**　（第2章4項）
KPMGジャパン　パワー＆ユーティリティーセクターリーダー
商社、外資系コンサルティング会社を経て現職。コンサルティング業界において、20年以上にわたり大手企業の事業戦略／投資の計画立案・実行支援に従事。水素を始めとした新技術、太陽光や風力等再生可能エネルギー事業に関わる調査・分析や事業／投資戦略策定等、カーボンニュートラルに資するテーマを中心にコンサルティング業務に従事。

高橋　恵太（たかはし　けいた）　**執行役員パートナー**　（第2章4項）
日系証券、外資系証券会社を経て、2009年よりKPMG FASに参画。これまで一貫してM&Aを中心とする投資銀行業務を担当。コーポレートファイナンスチームとしてM&Aと国内上場会社に係る組織再編を中心に幅広くサポートしているほか、KPMGジャパン及びKPMG FASの化学セクターリーダーとして当該業界企業に対する総合的な支援を行っている。東京大学工学部卒業。同大学院工学系研究科修士課程修了。

山口　嘉毅（やまぐち　よしき）　**ディレクター**　（第3章7項）
コンサルティング会社、テクノロジー会社を経て、2022年よりKPMG FASに参画。20年以上のコンサルティング経験を有する。戦略と実装をつなぐことを目的に、組織や人に働きかけ、変革を推進することにより、企業の活性化に貢献してきた。近年では新組織の立ち上げ支援やサステナビリティ戦略の実装支援などに従事している。専門領域は、組織変革、変革プログラムマネジメント、チェンジマネジメント。慶應義塾大学理工学部卒業。

橘　洋平（たちばな　ようへい）　**ディレクター**　（第4章1項～3項）
事業会社、Big4系税理士法人を経てKPMG FASに入社。以後、広くフィナンシャル・アドバイザリー業務、バリュエーション業務、財務モデリング業務に従事。近年は再生可能エネルギー投資関連の案件を数多く担当している。公認会計士。東京大学工学部卒業。

古澤　秀昭（ふるさわ　ひであき）　**執行役員パートナー**　（第4章4項）
独立系のM&Aアドバイザリーファームを経て、2008年にKPMG FASに参画。多数のM&A案件においてフィナンシャル・アドバイザーとして、株式価値評価、交渉代理・サポート等を含むディールエクゼキューション業務に従事。また、無形資産価値評価や減損テスト等の会計目的の価値評価業務についても豊富な経験を有する。慶應義塾大学経済学部卒業。

金子　敦（かねこ　あつし）**執行役員パートナー**（第4章6項）
国内損害保険会社、Big4監査法人を経てKPMG FASに入社。KPMG Global Valuation Network Member、KPMG FAS Specialist Valuation Committee Leaderとして、主に、合併等の統合比率算定や、TOB価格、非上場会社の株式価値評価、商標権、特許などの無形資産価値評価、減損会計目的の使用価値評価等のバリュエーション業務に従事している。米国公認会計士。日本証券アナリスト協会検定会員。慶應義塾大学法学部政治学科卒業。

小高　正裕（こたか　まさひろ）**執行役員パートナー**（第4章7項・8項）
KPMGジャパンおよびASPAC地域のI&S（統合・事業分離）業務統括パートナー
コンサルティング会社を経て、2018年にKPMGに参画。20年以上にわたる100件超のM&Aコンサルティング経験を有し、特にクロスボーダーPMIやグローバル事業売却などに従事。近年では買収後のバリュークリエーションやESG戦略の実装支援などを通じて、日本企業の持続的な成長に貢献している。筑波大学国際総合学類卒業。

株式会社 KPMG FAS

KPMGは、監査、税務、アドバイザリーサービスを提供する、独立したプロフェッショナルファームによるグローバルな組織体です。143の国と地域でサービスを提供しており、世界中のメンバーファームに265,000人以上のパートナーと従業員を擁しています。

KPMG FASは、企業戦略の策定、事業ポートフォリオ最適化のための事業再編やM&A、経営不振事業の再生、企業不祥事対応に係るアドバイスを通じて、企業の持続的成長のための経営管理高度化や業務改善、事業のバリューアップを支援しております。

また、10の主要業種のインダストリー・グループ体制により、海外を含め、業種ごとに最新動向に関する情報や知見を集約し、各専門分野のプロフェッショナルとの連携により、ワンストップで最適なソリューションを提供します。

kpmg.com/jp/fas

図解でわかる

ESGと経営戦略のすべて

2023年12月10日　初版発行

著　者　**株式会社 KPMG FAS** ©KPMG FAS Co., Ltd. 2023
発行者　**杉本淳一**

発行所　株式 会社 **日本実業出版社** 東京都新宿区市谷本村町3−29 〒162-0845
　　　　編集部 ☎03-3268-5651
　　　　営業部 ☎03-3268-5161　振　替　00170−1−25349
　　　　　　　　　　　　　　　　　https://www.njg.co.jp/

印　刷／理　想　社　　製　本／共　栄　社

ISBN 978-4-534-06064-8　Printed in JAPAN